O SÁBIO QUE VENDEU A SUA LAMBORGHINI

PREZADO(A) LEITOR(A),

Queremos muito saber a sua opinião sobre nossos livros! Após a leitura, convidamos você a seguir nossas redes sociais e visitar nosso site para mais conteúdos e novidades.

Redes sociais:
Instagram: **@editoranewcastle | @newcastleidiomas**
LinkedIn: **linkedin.com/company/newcastleidiomas**
YouTube: **@newcastleidiomasoficial | @podcastle_TV**

Site:
www.editoranewcastle.com.br

Entre em contato conosco e compartilhe suas sugestões, críticas e elogios. Sua opinião é muito importante para nós!

O SÁBIO QUE VENDEU A SUA LAMBORGHINI

GUSTAVO MARTÍNEZ

NEWCASTLE

Diretor
Gustavo Martínez

Projeto Gráfico, Capa e Diagramação
Felipe Antonio Battistoni

Revisão
Editora Newcastle

Av. Orosimbo Maia, 611 - Vila Itapura, Campinas, SP
CEP 13023-002
Site: www.editoranewcastle.com.br
E-mail: contato@newcastleidiomas.com.br

Dados Internacionais de Catalogação na Publicação (CIP)
Maria Alice Ferreira - Bibliotecária - CRB-8/7964

O sábio que vendeu a sua Lamborghini.
1. ed. Campinas, SP : Newcastle English Center, 2025.

Gustavo Martínez.
ISBN 978-65-987651-3-2

1. Autoajuda 2. Gratidão 3. Equilíbrio (Psicologia) 4. Motivação 5. Práxis, Fernando 6. Recomeço 7. Reflexões 8. Transformação pessoal I. Título.

25-294904.0 CDD-158.1

Índices para catálogo sistemático:
1. Transformação pessoal : Psicologia aplicada 158.1

NOTA DA PUBLISHER

É com grande alegria que a Editora Newcastle apresenta *O Sábio que Vendeu a Sua Lamborghini*, o novo livro de Gustavo Martínez, nosso CEO e fundador. Autor que já nos presenteou com obras inspiradoras como *Princípios Poderosos para Recomeçar, A Fórmula dos Campeões: Profissionais de Alta Performance* e *Liberte o Seu Potencial*, agora nos leva a uma nova jornada envolvente. Nesta história, acompanhamos Brian, um homem cuja incansável busca por significado e sabedoria transforma e redefine seu caminho de vida.

Com uma narrativa envolvente e repleta de ensinamentos práticos, esta obra convida o leitor a refletir sobre o verdadeiro valor do sucesso e as escolhas que realmente importam. O autor, mais uma vez, compartilha reflexões profundas que transcendem o material e nos direcionam para uma existência mais plena e alinhada com nossos propósitos.

Com orgulho, trazemos esta nova publicação, que promete tocar corações e transformar perspectivas. Mais do que um livro, *O Sábio que Vendeu a Sua Lamborghini* é um convite para aqueles que desejam alcançar uma vida de significado, equilíbrio e realização genuína.

EDITORA NEWCASTLE

@editoranewcastle

Dedico este livro a todos que buscam sabedoria além do sucesso material, que questionam e redefinem seus caminhos em busca de uma vida mais significativa.

SUMÁRIO

PREFÁCIO

O ***Sábio que Vendeu sua Lamborghini*** **é um livro** repleto de grandes lições e ensinamentos, especialmente para esta e para a próxima geração. Vivemos, atualmente, um momento em que a grande maioria das pessoas está em busca do *ter*: ter a casa, ter o carro, ter o corpo, ter dinheiro, ter fama, ter muitos relacionamentos sociais, ter um ou vários parceiros conjugais, ter poder, ter influência... e por aí vai.

Em um mundo onde todos estão buscando o ter, que é 100% externo, poucos se preocupam verdadeiramente com o *ser*, que é, em grande parte, interno: ser feliz, ser alegre, ser espirituoso, ser corajoso, ser temperante, ser generoso, ser magnânimo, ser justo, ser honesto, ser calmo, ser verdadeiro, ser fiel, ser modesto e, principalmente, servir.

Chega a ser contraditório: a grande massa busca o ter para si, enquanto uma pequena parte busca o verdadeiro sentido de servir, de doar-se ao outro, de se importar com o próximo. Isso nos remete à sabedoria bíblica: *"O maior entre vós será vosso servo."*(Mateus 23:11), e também: *"Quem quiser tornar-se grande entre vós será esse o que vos sirva; e quem quiser ser o primeiro entre vós será servo de todos."*(Marcos 10:43-44). Esses dois textos revelam que a verdadeira grandeza está no servir.

Talvez tudo aquilo que buscamos incansavelmente ao longo da vida só se realize plenamente quando estivermos verdadeiramente dispostos a servir. Pois só se torna grande aquele que tem a coragem de servir. A história de Brian retrata a trajetória de milhões de pessoas que estão em busca de sua "pedra filosofal". Pessoas que procuram o elixir da vida nos confins da terra, enfrentam dragões, serpentes e leões, pulam penhascos, escalam as mais altas e íngremes montanhas e, enfim, chegam ao tão sonhado sucesso. Conquistam vitórias, tornam-se relevantes, sentem-se importantes — e, claro, ao acordar todos os dias e ver na garagem a tão deslumbrante Lamborghini, sentem que possuem o atestado do sucesso. É como se dissessem com alívio: "Ufa, venci na vida!"

Mas os dias vão passando... e um vazio começa a surgir. O êxtase inicial já não é o mesmo. A chama já não arde como antes. Começamos a repensar: "Afinal, o que realmente significa vencer na vida?" A fama, o poder e a fortuna já não satisfazem como antes. E aí vem o questionamento: "Fiz tudo o que fiz para me sentir feliz... agora alcancei tudo o que me propus, mas a felicidade foge de mim como um rato foge de um gato. Por que se escondeu de mim? Logo eu, que dei minha vida por sua busca! Conquistei cada passo e, quanto mais me aproximava, mais distante você ficava... Por que fez isso comigo?"

Vamos deixar algo claro, para evitar equívocos: não há nenhum problema em conquistar bens materiais, prosperar na vida e nos negócios. O problema surge quando dedicamos toda a nossa energia apenas a essa parte da vida, ignorando o restante. Entenda: a tão sonhada felicidade e realização pessoal é como um oceano onde deságuam vários rios. Para ilustrar, imagine uma pizza com doze pedaços. Cada pedaço representa um rio (ou área) da sua vida. Esses são os Doze Rios da Vida:

- Saúde;
- Finanças;
- Viagens;
- Relação com pai, mãe e vida familiar;

- Filhos e filhas;
- Trabalho, profissão, o servir;
- Casamento, companheirismo;
- Legado, dons e talentos utilizados;
- Religião e espiritualidade;
- Posição social;
- Amigos e vida social;
- Conflitos e inimigos (e como lidamos com eles).

Cada um desses "rios" precisa de cuidado. Se focarmos apenas em um e negligenciarmos os outros, cedo ou tarde isso vai pesar — queira você ou não. A grande sacada da vida é o equilíbrio: todos os rios precisam correr — ainda que em velocidades diferentes —, mas precisam estar fluindo. Se você alcançar o ápice apenas em uma dessas áreas (como o financeiro, por exemplo), perceberá que ainda assim algo falta. Agora, se alcançar o sucesso em todas as outras e deixar o financeiro de lado, também sentirá que ainda há um vazio. A felicidade, portanto, não está em um topo específico, mas no equilíbrio entre todas essas áreas. Que não haja pântanos, mas rios de água corrente. Isso é felicidade. Isso é realização. Isso é plenitude. Perceba que eu disse equilíbrio, não o pico da montanha, não o sucesso grandioso, não o oceano solitário. Que esta leitura edifique o seu espírito.

Que você saiba escolher bem as batalhas em que deve lutar.

Que você busque o equilíbrio nas doze áreas da sua vida.

Que você seja um grande servidor, o maior entre os seus.

Que você seja braço forte, coração presente e, acima de tudo, que você seja feliz.

Aperte o cinto!

Você está prestes a embarcar em uma viagem com o capitão Gustavo Martínez, que irá guiá-lo como um mestre guia seu discípulo, rumo à descoberta do verdadeiro elixir da vida.

Aproveite.

Gratidão, Gustavo Martínez, por nos presentear com uma obra tão bela e tão à frente do tempo em que vivemos. Que Deus continue abençoando sua vida, suas ideias, suas palavras e todas as áreas da sua existência.

PARTIU DAR UM ROLÊ DE LAMBORGHINI!

Grande abraço do seu irmão e fã,

FERNANDO PRÁXIS

Escritor, empreendedor e palestrante.

@fernandopraxis88

INTRODUÇÃO

Seja muito bem-vindo! Estou imensamente feliz que você decidiu abrir as páginas de *O Sábio que Vendeu a Sua Lamborghini*. Este não é apenas um livro; é uma jornada repleta de intenções profundas e reflexões que podem ressoar fortemente em sua própria trajetória.

Aqui, você vai conhecer **Brian**, um jovem que, em meio a dificuldades e sonhos aparentemente distantes, encontrou a força para se reinventar. Ele passou por lugares que muitos conhecem, sutis, mas intensos, e você vai sentir a intensidade das emoções que o acompanharam ao longo do caminho.

Você já se sentiu perdido em meio a tantas conquistas, como se a corrida pelo sucesso estivesse te deixando cansado? Brian também. A cada capítulo, você será mergulhado em momentos cruciais da vida dele, desde o humilde início em Nova York até os altos e baixos de se tornar um bilionário. E, vou te contar, o sucesso pode ser tão sedutor quanto decepcionante. Essa é uma das grandes lições que você encontrará: a diferença entre o que é superficial e o que realmente importa.

Prepare-se para se emocionar com suas crises pessoais, porque essa é a verdadeira essência do ser humano, não é? Vamos explorar juntos o que significa, realmente, "ter tudo". Aqui, entre a correria do dia a dia e o alcance dos nossos sonhos, talvez você se encontre na busca de algo mais profundo e essencial, como Brian.

Não quero dar *spoilers*, mas um encontro inesperado com um mentor muda o jogo, e pode ser que você encontre um pouquinho desse mentor em suas próprias reflexões.

Cada capítulo foi elaborado com carinho, trazendo não só a história de Brian, mas também suas interações, seus dilemas e, claro, suas vitórias. Em tudo isso, convido você a se perguntar:

O que realmente é sucesso para mim?

Você se verá refletindo ao longo da narrativa e, tenho certeza, terá muitos momentos para rir e até se emocionar.

Então, se acomode, faça um café (ou um chá, porque todos os goles são momentâneos, mas as reflexões são eternas) e mergulhe com o coração e a mente abertos. Essa história pode muito bem ser a sua, e as lições adquiridas abaixo da superfície poderão te levar a lugares inesperados.

Divirta-se e viva essa experiência!

Um grande abraço,

GUSTAVO MARTÍNEZ

Escritor, empreendedor (fundador do grupo Newcastle Idiomas e da Editora Newcastle), palestrante e host do Podcastle TV.

@gustavonewcastle

*Uma história sobre princípios
e valores para uma vida melhor.*

01

ONDE TUDO COMEÇA

Era uma vez... a história de um menino que passou por muitas dificuldades na vida. Assim como eu, você e a maioria dos brasileiros. Mas esse garoto tinha algo diferente. Mesmo passando por muitos momentos de aflições e questionamentos internos e externos, ele nunca desistiu. Na verdade, o seu grande diferencial foi que aprendeu a transformar as dores em lições, e suas limitações em combustível para crescer. Durante a sua vida, ele passou por vários desertos, mas não fez desses a sua morada e sim somente uma passagem para o seu próximo nível.

Esse menino se chamava Brian.

Nasceu entre o fim da década de 80 e o início da década de 90, numa época em que celular era coisa de filme, computador era luxo de escritório, e internet só existia nos sonhos mais ousados. A vida era analógica: fita cassete, orelhão na esquina, banca de jornal como ponto de encontro e descoberta, crianças brincando na rua. Uma realidade que a geração deste milênio jamais teve a oportunidade de viver. Nesse período, faltavam as facilidades das tecnologias atuais, mas sobrava dedicação, empatia e relacionamentos pessoais. Inclusive, nessa época, a força do trabalho parecia mais importante do que os tempos atuais.

Brian cresceu na periferia de São Paulo, na Zona Leste, num apartamento pequeno da COHAB[1], onde tudo era simples; menos a luta para sobreviver. As paredes finas da casa deixavam passar o frio da madrugada e o barulho da rua, mas dentro, o calor vinha do afeto e da esperança que habitavam aquele lar.

As calçadas quebradas dividiam espaço com as pernas cansadas das donas de casa, com os chinelos arrastando da pressa, com o som das feiras livres e das crianças brincando até o sol se esconder. Era um cenário comum e, ao mesmo tempo, extraordinário para quem aprendia a valorizar o pouco.

Seus pais vieram do Nordeste com malas pequenas e sonhos grandes. A mãe de Brian era dona de casa, e muito mais que isso. Trabalhava como doméstica desde cedo, em duas casas diferentes, limpando o que os outros deixavam para trás. Enfrentava muitas batalhas no dia a dia, mas nunca permitiu perder o sorriso do rosto. Saía antes do sol nascer, voltava depois de escurecer. Tinha os pés rachados, os dedos machucados, mas nunca deixava de cuidar da família com ternura. Era guerreira. Era base. Era fé em forma de mulher.

O pai era vendedor ambulante, daqueles que a cidade insistia em ignorar. Subia e descia os vagões da CPTM[2] com uma mochila cheia de produtos: pilhas, carteiras, fones de ouvido, canetas, agendas, brinquedos. Vendia de tudo. Às vezes vendia muito, às vezes nada. Mas sempre voltava para casa com a cabeça erguida, e com alguma história para contar.

Eles eram o tipo de gente que carrega o país nas costas, mas raramente apareciam nas estatísticas.

Mesmo com pouco, havia fartura no que importava. Amor. Respeito. Esperança.

Numa noite de domingo, Brian viu a mãe sentada no sofá, com uma conta de luz nas mãos e lágrimas nos olhos. O dinheiro não dava. O pai, ao lado, em silêncio. A atmosfera da sala era pesada, sufocante; até que, de repente, o irmão mais novo entrou

---

[1] **COHAB:** Companhia Metropolitana de Habitação de São Paulo.

[2] **CPTM:** Companhia Paulista de Trens Metropolitanos.

enrolado num lençol, fingindo ser um fantasma.

Todos riram.

Riram como quem precisava rir para não cair. Riram como se aquele momento fosse tudo o que tinham.

E foi ali, no meio daquele caos cotidiano, que algo despertou em Brian. Ele entendeu que o amor da sua família era mais forte do que qualquer fatura vencida. E fez, dentro de si, um pacto silencioso: "Eu vou mudar a nossa história."

Sua mãe sempre dizia: "A vida é como café forte. Amarga no começo... mas essencial para acordar a alma."

Essa frase virou oração. Virou âncora. Nos dias de fome, de medo, de vergonha... era ela que o fazia seguir.

Antes dos dez anos, Brian decidiu que já era hora de contribuir. Comprou um isopor velho e começou a vender água e refrigerante na feira, nos terminais, nas esquinas movimentadas. Com a permissão e o incentivo do pai, enfrentou o mundo com um sorriso no rosto e coragem no peito.

No começo, foi difícil. Sentia vergonha. Tinha medo dos "nãos". Ficava irritado com os olhares que o tratavam como ninguém. Mas, com o tempo, entendeu: O "não" não era um fim. Era só parte do caminho.

Numa tarde de calor, vendendo refrigerante como sempre, uma senhora bem vestida se aproximou. Ele a atendeu com educação, a chamando de "senhora", abriu o refrigerante com cuidado. O preço era R$ 2,00. Ela entregou uma nota de R$ 50,00. Quando ele estendeu a mão com o troco, ela sorriu e disse:

"Guarde para você. Isso aqui é pelo seu atendimento. Você vai longe, garoto."

Brian segurou aquela nota como quem segura um troféu. Não era só dinheiro. Era validação. Era como se alguém dissesse: "Você importa. Você tem valor."

Cada garrafinha vendida era mais do que uma venda. Era um passo. Um degrau. Um aprendizado.

Sem perceber, ele estava aprendendo mais do que muitos adultos. Ele aprendeu a tratar as pessoas bem, a manter o caixa organizado, a argumentar, ouvir, insistir e a ser visto, mesmo quando tentavam ignorá-lo.

E o mais bonito de tudo? Ele fazia isso com gratidão no olhar.

Seu pai, mesmo cansado, sempre achava tempo para dizer: "Você não precisa ter tudo, filho. Mas precisa dar o seu melhor com o que tem."

Essa frase virou bússola. Virou valor. Virou futuro.

Na escola, Brian via a diferença nos detalhes: mochilas caras, lancheiras cheias, roupas de marca. Mas nunca se colocou como vítima. Ele não invejava; ele se inspirava.

No beco ao lado da COHAB, jogava bola e divertia com o Leandro e com a Valentina, os seus amigos de alma simples e coração gigante. Riam juntos. Dividiam pão com margarina e sonhos impossíveis. Naquela rua, mesmo com esgoto a céu aberto e luz falhando, eles aprendiam o que nenhuma escola ensinava: a vida pode ser dura, mas não precisa ser vazia.

Na sala de aula, um professor de História falava com tanta paixão sobre líderes e empreendedores, que Brian sonhava acordado: "Será que um dia vão contar a minha história dessa forma?"

Não era vaidade. Era fé.

Fé de quem aprendeu que a luta não te define.

O que te define é o que você faz com ela.

Mensagem de Reflexão

Você não precisa nascer em berço de ouro para ter um futuro brilhante. Você só precisa de duas coisas:

- Uma decisão firme;
- E coragem para continuar, mesmo quando tudo parece te empurrar para trás.

A história de Brian ainda está começando. E a sua? Já começou ou você ainda está esperando o momento ideal?

02

O PREÇO DO BRILHO

Brian deixou de ser o menino do isopor de água. **Na** periferia, onde a pressa de crescer era regra e a inocência envelhecia cedo, ele já não era só mais um. Aquele garoto de fala calma e olhar atento parecia carregar algo que os outros não tinham, uma centelha diferente, uma inquietação bonita, como quem já nasceu com um chamado que ainda nem sabe explicar.

O isopor foi sua primeira vitrine: água gelada, suco barato e um sorriso que parecia desafiar o calor e a rotina. Era o menino da esperança ambulante. Mas, naquele cenário de concreto e sobrevivência, luz demais incomodava. Nem todo mundo sabe lidar com quem insiste em brilhar quando tudo ao redor parece escuro.

E às vezes, quem mais caminhou com você... é o primeiro a se afastar quando você decide seguir um caminho diferente.

Leandro, além de colega de escola, era seu parceiro de infância. Criados no mesmo quintal, na mesma rua, nos mesmos sonhos. Jogaram bola descalços, empinaram pipas até o céu cansar, mas, enquanto Brian crescia em consciência, Leandro crescia em urgência. E um dia, a pressa virou proposta.

Estavam sentados no mesmo degrau de sempre, quando Leandro jogou a ideia no ar, como se fosse qualquer coisa:

— Tem um pessoal pagando bem para fazer umas entregas arriscadas. É só ir e voltar. Sem erro.

Brian engoliu seco. O coração apertou.

Aquilo vinha carregado de algo que não combinava com o que eles eram.

— É o que eu estou pensando?

Leandro desviou o olhar e deu de ombros:

— Para de ser bobo. Você, com essa cara de bom moço, ninguém desconfia. Vai por mim, é tranquilo.

Foi ali que Brian sentiu, pela primeira vez, o peso de um "não" de verdade. Não contra o mundo, mas contra um irmão de vida.

— Prefiro vender água no sol do que vender minha paz.

Leandro soltou uma risada dura, quase debochada.

— Então, fica aí com esse isopor ridículo. Um dia, você vai cansar de ser ingênuo.

Se levantou e foi embora.

Sem um aperto de mão e nem tchau.

Sem volta.

Naquele dia, Brian perdeu um amigo, mas aprendeu que crescer também é perder. Mas perder o que te puxa para trás é o primeiro passo para ir além.Ele limpou o suor da testa, respirou fundo e tomou uma decisão silenciosa: era hora de mudar, mas sem fazer alarde e nem drama, somente com fé e coragem.

Voltou à banca de jornal da esquina.

O Sr. Antônio, dono da banca de jornal, já o conhecia de vista, talvez mais pelo jeito do pequeno Brian do que pela frequência.

— Sr. Antônio, eu preciso ajudar minha família. Sei que sou novo, mas já entendo de gente. Vendo água todos os dias, sei ouvir, sei conversar. Posso te ajudar com as entregas? — Ele respirou fundo. — Sou pontual e acordo cedo. Me dá uma chance... Eu vou me tornar o seu melhor funcionário.

O velho jornaleiro olhou para Brian, com um sorriso de respeito que lhe enrugava os cantos dos olhos.

— Você tem um brilho nos olhos, garoto. Algo que a maioria dos adultos perde. Vamos tentar.

Brian começou aos sábados, mas, com o tempo, a frequência aumentou. Em pouco tempo, ele estava lá diariamente. Pegava os jornais ainda quentes da gráfica e, de bicicleta,cruzava as ruas do bairro simples, distribuindo mais do que notícias; ele distribuía presença.

E foi ali que descobriu um talento novo: observar.

Ele sabia quem gostava do jornal dobrado, quem queria ver primeiro as manchetes de esporte, quem esperava por ele só para não começar o dia em silêncio. Criou laços, guardava aniversários, nomes de cachorros, histórias de filhos distantes. Entendeu que vender não era apenas empurrar um produto, mas sim tocar uma vida.

Ganhava pouco, é verdade. Mas ganhava algo que ninguém podia tirar: visão e liberdade.

Começou a guardar dinheiro. Dividia o pouco com a mãe e o resto escondia num cofre feito com lata de achocolatado.

Toda semana, religiosamente, ele ia à biblioteca do bairro para buscar um novo livro. Queria entender a mente dos grandes, por isso lia sobre Silvio Santos, Walt Disney, Henry Ford. Não era curiosidade, era sede.

Até que, numa manhã fria de segunda-feira, Dona Marlene, uma cliente fiel, segurou sua mão por um segundo a mais e disse com ternura:

— Você tem um dom, menino, e está colocando ele no lugar certo. Dá gosto ver alguém trabalhar assim.

Na mesma semana, o Sr. Antônio o chamou para conversar.

— Brian... faz tempo que eu não via a clientela tão feliz. As vendas aumentaram. Tem gente que passa aqui só para perguntar de você. Seu jeito está mudando o movimento da banca.

Brian sorriu com humildade, mas por dentro sentia um orgulho silencioso.

Ele era jovem, mas já era um especialista em gente. E agora entendia que aquela fase debaixo do sol, vendendo água de isopor pelas calçadas, tinha sido sua verdadeira faculdade da vida.

Foi nesse mesmo período que algo inesperado aconteceu, algo que despertaria ainda mais o espírito empreendedor de Brian.

Num fim de tarde, enquanto reorganizava as revistas na vitrine, ouviu o ronco grave de um motor diferente. Um carro impossível de ignorar parou em frente à banca. Era uma Lamborghini, reluzente, como se o sol tivesse parado ali por um instante.

Do carro desceu um jogador de futebol muito famoso, um daqueles que haviam crescido na região e agora rodavam o mundo, mas que naquele dia voltava para resgatar suas raízes. Ele se aproximou da banca.

— Vim rever as origens — disse ele, sorrindo, enquanto pegava um jornal.

Algumas pessoas ao redor se aproximavam, algumas por admiração ao jogador, outras pelo carro.

Brian, sem conseguir disfarçar, ficou vidrado no carro. Seus olhos brilhavam, como os de uma criança que ainda era; ele estava vendo o futuro na frente dos próprios pés.

O jogador percebeu, se abaixou e indagou.

— Você gosta de carro?

Brian revelou um sorriso de canto de boca, meio sem jeito, respondeu:

— Sim... mas esse aí eu só tinha visto nas revistas da banca.

O jogador olhou para ele por um instante, depois jogou a chave para o alto e pegou no ar.

— Bora dar uma volta?

Brian arregalou os olhos, sem acreditar.

— Sério?

— Vambora. O máximo que pode acontecer é você sonhar mais alto depois disso.

Brian olhou para o Sr. Antônio, buscando permissão para se aproximar do carro. O jornaleiro apenas balançou a cabeça em concordância. Afinal, o jogador era um velho conhecido da região.

Eles entraram na Lamborghini. Brian sentiu o couro, o cheiro, o rugido do motor. Mas o que mais o marcou não foi o luxo, foi a conversa. Durante o trajeto, o jogador contou sua história: os treinos com chuteira rasgada, os "nãos" que ouviu, o medo de fracassar, e a fé que nunca o abandonou.

— Não se impressione com o carro. Isso aqui é só consequência. O que realmente vale é não esquecer de onde você veio, das suas origens. O carro passa, mas a essência fica.

Ao fim do passeio, de volta a banca, Brian desceu do carro com os olhos marejados.

Aquele breve passeio não foi sobre o carro. Foi sobre enxergar que era possível sonhar e, mais importante, realizar, mesmo sendo alguém como ele.

Antes do jogador seguir o seu caminho, Brian e o Sr. Antônio tiraram algumas fotos para pendurar atrás do balcão; uma delas era apenas da Lamborghini.

No mesmo dia, antes de anoitecer, ele revelou a foto da Lamborghini. Pediu para um amigo da gráfica imprimir em tamanho grande. Colocou na parede do quarto, bem em frente à sua cama. Era o seu lembrete diário:

"Se ele conseguiu, eu também posso."

E foi nesse dia que Brian decidiu que, não importava quanto tempo levasse, ele também deixaria sua marca no mundo.

Aquela imagem ficou gravada em sua mente como um quadro. Não pela cor do carro, mas pelo que ele representava: a prova viva de que é possível sonhar alto sem esquecer de onde veio.

Mensagem de Reflexão

Nem toda proposta é uma oportunidade. Nem toda amizade é feita para durar para sempre. Às vezes, seguir em frente dói. Mas permanecer parado dói ainda mais.

Escolher a sua verdade pode afastar algumas pessoas, mas também aproxima você da sua essência.

Crescer é aprender a andar sozinho, mesmo quando o coração implora por companhia.

Você não precisa ser aceito por todos. Precisa ser fiel a quem você nasceu para ser. E quem faz isso, nunca caminha em vão.

03

A ASCENSÃO

O brilho no olhar que o Sr. Antônio tanto admirava? Esse continuava aceso. Um fogo de curiosidade, de propósito, de fome por algo além. A cada novo desafio, ele se reinventava. Buscava entender mais sobre o mundo e, principalmente, sobre si mesmo. Na mente dele, existia um desejo muito grande de "vencer na vida", ganhar dinheiro para melhorar a condição de vida de sua família e viver experiências que só pessoas de sucesso conseguem viver.

Aquele menino que começou do mais baixo escalão e sempre ouviu que a vida era mais difícil para pessoas como ele, agora queria vencer. A volta na Lamborghini foi muito mais do que um passeio de carro; foi a virada de chave que plantou a semente em seu coração: seu destino podia ser diferente.

Aos 18 anos, Brian já não era apenas o "menino dos jornais". Ele era a alma da banca. Aquele ponto simples de esquina, antes discreto, agora era conhecido como "a banca do Brian". Os clientes não iam mais só por causa do jornal, iam por ele: pelo "bom dia" sempre sorridente, pela conversa leve e por aquela atenção sincera que fazia com que as pessoas se sentissem importantes.

"Cadê o Brian", perguntavam, quando ele não estava.

Com o carinho e a fidelidade da clientela, mês a mês, veio o impacto. As vendas aumentavam e o faturamento da banca crescia com constância. Brian organizava os turnos, ajustava os estoques e ouvia com atenção o que os clientes queriam.

Era meticuloso, respeitoso, eficiente e, acima de tudo, humano.

Com um olhar que carregava a experiência de anos, o Sr. Antônio chamou Brian para uma conversa, um sorriso de satisfação nos lábios.

— Brian, estou pensando em abrir uma nova filial e quero que você seja meu braço direito. Você tem algo raro, filho. Você não vende só jornal, você entende de gente. E isso, meu garoto, não se aprende em livro.

Brian ficou em silêncio por um instante. O coração acelerado. O medo presente, como sempre está quando um novo passo se aproxima. Mas ele respirou fundo e, com a mesma coragem de sempre, respondeu:

— Aceito, Sr. Antônio. Vou fazer o meu melhor.

Assim começou sua trajetória como líder. De entregador a gestor, agora, além de vender, ele formava pessoas. Montava a escala, treinava os mais novos, resolvia problemas e, prevendo a força com que a internet estava chegando, começou a colocar outros produtos à venda na banca, antes que o jornal impresso terminasse de vez.

Nesta nova experiência, percebeu que o mais desafiador era liderar. Como ele foi um garoto sonhador e sempre se empenhou em dar o melhor de si, notou que nem todos eram assim. Muitos viviam em uma prisão mental que, além de impedir o próprio progresso, travava o desenvolvimento do negócio que estava sob sua gestão. Não bastava saber fazer; era preciso ensinar, corrigir, acolher e, acima de tudo, inspirar.

No início, cometeu erros, mas não se escondeu deles. Buscou respostas, leu livros sobre liderança, assistiu a filmes e documentários e conversou com empresários do bairro. Aos poucos, foi entendendo: liderar não é sobre ter razão, é sobre dar direção.

Foi nessa fase que Brian desenvolveu um dos maiores diferenciais de sua vida: ele sabia ouvir. Escutava seus colegas com atenção, corrigia com empatia e elogiava com sinceridade. Aos poucos, a equipe começou a render mais e o ambiente da banca mudou. As pessoas se sentiam parte de algo especial.

Os resultados falaram alto. No fim daquele semestre, o Sr. Antônio o chamou mais uma vez, agora com um envelope nas mãos.

— Brian, os resultados da banca nesse último semestre foram os melhores em anos. Você ultrapassou todas as metas, fidelizou clientes e trouxe alma para o negócio. Isso aqui é uma bonificação. Você merece.

Brian abriu o envelope, emocionado. Era a quantia mais alta que já tinha visto. Um símbolo de reconhecimento. E ele já sabia exatamente o que faria com aquele dinheiro.

No final de semana seguinte, ele queria realizar o sonho de sua mãe, no qual o apartamento em que moravam tinha a mesma mobília por mais de uma década e foi com ela até o centro da cidade. Juntos, compraram tudo o que a bonificação permitiu: uma geladeira nova, um fogão moderno, uma mesa com seis cadeiras acolchoadas e novos armários e utensílios. Reformou toda a cozinha da casa, onde por anos a mãe cozinhava em um fogão remendado, cercado de panelas antigas.

Quando ela viu tudo pronto, a emoção a dominou.

— Meu filho... — A voz, embargada, mal a deixava falar. — Tudo isso é graças a você.

Brian sorriu com os olhos marejados.

— A senhora fez tanto com tão pouco... agora é minha vez de retribuir.

Ela o abraçou como se quisesse protegê-lo do mundo e, ao mesmo tempo, agradecer ao mundo por tê-lo.

— Eu sempre soube que você ia longe, meu filho. Obrigado por tudo.

Pouco tempo depois, Brian procurou o Sr. Antônio com uma nova ideia.

— O mundo está mudando, Sr. Antônio. E acho que podemos fazer algo maior, algo digital. Levar a experiência da banca para a internet, criar um novo modelo de negócio. O senhor me deixa tentar?

O velho jornaleiro sorriu, como quem já sabia que aquele momento chegaria.

— Você sempre foi inquieto. E isso é uma bênção. Vá, garoto. Experimente. Erre. Aprenda. Mas não pare de sonhar.

E assim, Brian começou sua nova fase. Estudou marketing digital, gestão de estoque, comportamento do consumidor online. Cometeu muitos erros no começo, mas persistiu, porque já sabia que vender é servir, seja na calçada ou na internet.

Aos poucos, ele encontrou seu caminho. Apostou em nichos específicos, melhorou a comunicação e fez de sua loja digital um reflexo de sua essência: autêntica, honesta e acolhedora.

Ele crescia. Empreendia. Inspirava. Mas nunca se afastou da verdade mais simples que aprendeu vendendo água sob o sol:

Você não precisa ser grande para começar... mas precisa começar para se tornar grande.

Mensagem de Reflexão

Toda liderança começa com serviço. Toda recompensa verdadeira vem depois de esforço silencioso.

O maior sucesso não é ter. É poder voltar para casa e fazer sua mãe sorrir com orgulho.

Quem aprende a cuidar dos pequenos detalhes está sendo preparado para construir algo grandioso.

Porque caráter nenhum se forma no palco. Mas sim... na calçada, no suor, na entrega.

04

NOVOS AMBIENTES, NOVAS OPORTUNIDADES

Aquela Lamborghini não foi apenas um carro. Foi um espelho onde Brian enxergou, pela primeira vez, a vida que ainda não tinha, mas que já morava dentro dele.

Assumir a gerência da nova filial da banca de jornal foi, para Brian, muito mais do que um cargo. Era a oportunidade de provar a si mesmo que poderia ir além das esquinas da periferia e construir algo maior. O espaço era simples, mas Brian enxergava cada detalhe como se fosse um empreendimento grandioso. Ele sabia que era ali, naquele ponto inicial, que sua visão se formaria.

Logo nos primeiros meses, os resultados chamaram a atenção. O faturamento cresceu, os clientes eram fiéis, e a forma diferenciada como ele lidava com as pessoas transformava simples compradores em amigos e parceiros. Seu olhar para os negócios já não era apenas operacional; era estratégico.

Com o crescimento, vieram convites que Brian jamais imaginaria receber. Pela primeira vez, colocou os pés em congressos de empresários, eventos que até então pareciam pertencer a outro mundo. Lembrava-se de como olhava de fora para prédios luxuosos da cidade e se perguntava: "Será que um dia eu vou entrar em lugares assim?". Agora, não apenas entrava, mas era parte da conversa.

Em auditórios repletos de homens e mulheres bem-sucedidos, Brian sentia o impacto do novo. Os corredores eram cheios de networking, livros assinados por escritores renomados, palestrantes que falavam de mentalidade, inovação e liderança. Cada encontro era uma expansão de visão, como se um novo horizonte se abrisse à sua frente.

No início, sentia-se deslocado. Carregava ainda a simplicidade de quem vinha da banca, e muitas vezes se perguntava se realmente pertencia àquele ambiente. Mas logo percebeu: não era onde ele nasceu que determinava seus limites, mas até onde estava disposto a ir.

Nesses eventos, Brian aprendeu a ouvir mais do que falar. Foi assim que se aproximou de empresários influentes, autores de livros que circulavam entre best-sellers e líderes que transformavam indústrias. Não pedia favores, oferecia valor. Demonstrava interesse genuíno em aprender e servir.

Com o tempo, as conversas evoluíram para parcerias. Grandes empresas começaram a confiar em sua visão e em sua capacidade de gerar resultados. Brian percebeu que não bastava estar em um novo ambiente; era preciso se posicionar nele com autenticidade e competência.

A cada congresso, saía com anotações, contatos e ideias. Sua mentalidade, antes restrita à rotina da banca, agora respirava o ar fresco da inovação. Ele compreendia que o sucesso não estava em repetir fórmulas, mas em criar caminhos novos com coragem e fé.

Foi nesse contexto que surgiu algo inesperado: um convite para falar em uma pequena associação de comerciantes locais. Queriam que Brian compartilhasse como havia transformado uma simples banca em um negócio próspero.

Na noite anterior, ele mal dormiu. Sentia as mãos suarem só de imaginar estar diante de um público. "E se eu travar? E se rirem de mim? Quem sou eu para ensinar algo a eles?", pensava.

Mas, no dia seguinte, ao chegar ao salão simples, com cadeiras de plástico dispostas em fileiras, algo dentro dele mudou. Viu homens e mulheres cansados, muitos com olhares pesados, marcados pela luta diária de manter seus pequenos negócios de pé. E pensou: "Eles não precisam de alguém perfeito. Precisam de alguém real."

O presidente da associação o apresentou brevemente:

— Hoje temos aqui um jovem da nossa cidade que, com muito esforço, fez da banca de jornal uma referência. Tenho certeza de que sua história vai nos inspirar. Recebam Brian!

Os aplausos foram tímidos, mas suficientes para acelerar o coração dele. Segurando o microfone com firmeza, Brian respirou fundo e começou:

— Eu não sou palestrante profissional. Sou apenas alguém que começou vendendo água no isopor, jornais nas esquinas... e que acreditou que, mesmo pequeno, um negócio pode se tornar grande quando se coloca o coração nele.

As primeiras palavras ainda saíram trêmulas, mas logo o nervosismo deu lugar à verdade. Ele falou de como aprendeu a ouvir clientes, de como tratava cada pessoa como única, de como as parcerias surgiram quando ele decidiu confiar mais nas pessoas do que desconfiar delas.

Uma senhora, dona de uma pequena padaria, levan-tou a mão:

— Mas, Brian, como você fez para não desistir nos dias em que nada dava certo?

Ele sorriu e respondeu:

— Eu lembrava todos os dias que desistir não faria as contas desaparecerem, não traria meus sonhos de volta. Então, mesmo nos piores dias, eu fazia uma venda a mais, atendia um cliente a mais, sorria uma vez a mais. Às vezes, a diferença entre desistir e vencer está em uma atitude simples de perseverar.

O silêncio que se seguiu foi profundo. As pessoas não o viam mais como um jovem gerente, mas como alguém que falava a mesma língua que elas: a língua da vida real.

Ao final, os aplausos foram calorosos. Um senhor se aproximou, apertou a mão de Brian e disse:

— Você falou pouco, mas falou tudo que eu precisava ouvir. Obrigado.

Naquele dia, Brian descobriu algo novo: sua voz tinha poder. Não porque era eloquente, mas porque era verdadeira.

Depois dessa primeira experiência, outros convites surgiram. Pequenos grupos, salas modestas, encontros informais. Brian falava como se estivesse diante de uma multidão, porque acreditava que cada pessoa merecia receber o melhor.

E foi assim que, pouco a pouco, sua voz começou a ecoar. O que era apenas um jovem gerente de filial se transformava em um líder que inspirava.

Brian aprendeu uma das lições mais poderosas da sua trajetória: os ambientes que você frequenta moldam os limites da sua visão. Quando decidiu sair da "bolha" da banca e entrar em lugares que nunca imaginou, sua mente se expandiu. Quando ousou se conectar com pessoas que já estavam em um nível mais alto, descobriu que não precisava invejá-las, mas aprender com elas.

Ele compreendeu que cada ambiente tem um preço — às vezes financeiro, às vezes emocional — mas sempre traz um retorno incalculável: a chance de enxergar o mundo sob uma nova perspectiva.

E ali, diante de plateias pequenas, Brian descobriu o que seria o início de sua verdadeira missão: inspirar pessoas a acreditarem que seus sonhos são possíveis, mesmo quando o mundo insiste em dizer o contrário.

Mensagem de Reflexão

A verdadeira riqueza não está no que Brian possui, mas em quem ele se torna. A Lamborghini foi o espelho de uma ambição que já existia dentro dele, mas a gerência da banca foi a realidade que o moldou.

É fácil se perder na busca por carros caros e *status*, mas Brian descobriu que o maior sucesso não é a plateia que o aplaude, mas a vida que ele transforma. Ele trocou o luxo dos congressos pela simplicidade das cadeiras de plástico e, ali, encontrou sua verdadeira voz e propósito.

A história de Brian nos ensina que o poder de inspirar não vem da perfeição ou de títulos, mas da autenticidade. É sobre usar a sua história, com todas as suas lutas e vitórias, para tocar a vida de outras pessoas. No fim das contas, a pergunta não é "O que eu quero ter?", mas sim "Em quem eu preciso me tornar para alcançar meus sonhos?".

05

O INÍCIO NO EMPREENDEDORISMO

Brian estava sentado à mesa de um restaurante simples, ao lado de seu grande mentor e amigo, o Sr. Antônio. Para muitos, aquele almoço era apenas uma refeição comum, mas para Brian, cada momento com o homem que lhe ensinava sobre caráter, disciplina e resiliência era como assistir a uma aula da vida.

Os dois celebravam os resultados das bancas de jornal. Naquele momento, já eram quatro unidades espalhadas pela cidade, cada uma crescendo em faturamento e número de clientes a cada semestre. O menino que começara vendendo água em isopor agora administrava equipes, fornecedores e resultados. E, ainda assim, continuava com o mesmo coração grato que carregava desde os primeiros dias.

Enquanto comia devagar, Brian notou algo diferente no olhar do Sr. Antônio. Havia serenidade, mas também um peso — como se estivesse prestes a compartilhar uma decisão importante.

— Brian — começou o mentor, apoiando os talheres no prato —, acho que está na hora de eu me aposentar.

Brian quase deixou o garfo cair.

— Se aposentar? Como assim, Sr. Antônio? O senhor sempre disse que não se via longe da banca.

O velho homem sorriu.

— E não me vejo mesmo. Mas já estou com quase sessenta anos. Trabalhei a vida inteira e chegou a hora de realizar um sonho antigo: viajar com minha família para a Europa. Quero desfrutar da vida enquanto ainda tenho saúde.

Brian respirou fundo. Aquilo soava justo, mas assustador.

— E... o que vai acontecer com as bancas?

— Já encontrei um comprador — disse calmamente o Sr. Antônio.

O coração de Brian disparou. Mil perguntas surgiram em sua mente: Quem seria esse comprador? Será que manteria os funcionários? Será que trataria os clientes da mesma forma?

Com a voz quase engasgada, perguntou:

— Quem... quem vai ser o novo proprietário?

Foi então que o Sr. Antônio colocou sobre a mesa um chaveiro com quatro chaves, olhou nos olhos de Brian e disse:

— Você.

O silêncio se fez. Brian ficou paralisado.

— Eu? Mas... eu não tenho como pagar. Não estou preparado para isso...

O velho mentor segurou suas mãos.

— Não sei como vai me pagar. Mas sei que vai. Mais do que isso: sei que já está pronto. Você é o novo proprietário, Brian. Já é merecedor.

As lágrimas brotaram. O jovem não acreditava no que ouvia.

— Eu prometo, Sr. Antônio... — disse com a voz embargada —, vou fazer o possível e o impossível para honrar o seu nome e a história dessa banca.

O velho sorriu com a serenidade de quem via no discípulo a continuidade do seu legado.

— É tudo o que eu precisava ouvir.

Assumir quatro bancas de uma vez foi um salto gigantesco. Não havia manual pronto, não havia certeza. Brian precisou aprender rápido sobre gestão de equipes, negociação com fornecedores e principalmente sobre algo que até então lhe era distante: finanças e tributos.

Empreender não foi fácil. Houve meses em que os números não fechavam. Dias em que parecia impossível manter tudo de pé. Horas em que ele pensava seriamente em desistir.

Mas, em cima da mesa de seu pequeno escritório, havia uma foto emoldurada: uma Lamborghini. Não era apenas um carro. Era o símbolo de um sonho. Sempre que a exaustão batia, Brian levantava os olhos para a foto e lembrava a si mesmo: "Eu não comecei para desistir. Eu comecei para vencer."

Aquela imagem não era vaidade, era combustível. Cada vez que olhava para ela, lembrava-se de que não poderia desperdiçar a confiança que o Sr. Antônio havia depositado em suas mãos.

O tempo passou e Brian transformou os desafios em degraus de crescimento. Aprendeu sobre fluxo de caixa, estudou sobre tributos, dedicou noites inteiras a planilhas e relatórios. Descobriu que o verdadeiro empreendedor não é o que apenas sonha alto, mas o que está disposto a encarar a dureza dos bastidores.

Com disciplina e visão, inaugurou mais seis novas unidades, totalizando dez bancas espalhadas pela cidade. O jovem que começou vendendo água em isopor agora era dono de uma rede consolidada.

Seu nome começou a ser lembrado em encontros empresariais. Vieram os convites para palestrar. No início, pequenas reuniões. Depois, auditórios lotados. Em cada palestra, Brian compartilhava sua jornada, sempre reforçando que tudo começou com uma banca de jornal e um coração disposto a aprender.

O crescimento o levou além das bancas. Criou um canal no YouTube, no qual compartilhava dicas de vendas, liderança e superação. Os vídeos viralizaram, alcançando milhares de pessoas. Logo, foi convidado para entrevistas e podcasts, incluindo um dos mais famosos do país: o PodCastle TV.

A cada aparição, Brian não falava apenas de negócios. Falava de vida, de fé, de perseverança. Sua mensagem ultrapassava números: inspirava corações.

Diversificou ainda mais seus empreendimentos. Criou uma loja online e inaugurou uma livraria no centro da cidade, que se tornou um ponto de encontro para leitores, empreendedores e sonhadores.

Ao olhar para trás, Brian sabia que nada tinha sido fácil. As madrugadas de estudo, as contas apertadas, os erros de principiante e as críticas foram parte essencial do processo. Mas ele aprendeu algo que jamais esqueceria: o empreendedor não é o que nunca erra, mas o que aprende a se reinventar a cada queda.

E, toda vez que pensava em desistir, aquela foto da Lamborghini no escritório lembrava-o de que os sonhos não são negociáveis, são combustíveis.

Hoje, com dez bancas, novos negócios, um canal de impacto e palestras que transformavam vidas, Brian compreendia que o verdadeiro sentido do sucesso não estava apenas em conquistar, mas em se tornar.

Porque, no fim das contas, empreender não é sobre ter tudo pronto, mas sobre começar mesmo sem ter tudo. Não é sobre dinheiro, mas sobre coragem. Não é sobre sorte, mas sobre fé.

E foi essa fé, somada à disciplina, que fez o menino do isopor se tornar um homem capaz de inspirar multidões.

"Os sonhos não se realizam quando você desiste. Eles se realizam quando você insiste."

Mensagem de Reflexão

Toda crise é um convite para reorganizar o que ficou grande demais e nos fez esquecer do essencial.

Quando tudo parece ruir, a pergunta não é "Por que isso aconteceu comigo?", mas "O que isso quer me ensinar?".

A maioria das pessoas desiste perto demais de vencer. Mas quem tem uma causa maior que o medo, sempre reencontra o caminho.

06

DA GLÓRIA À QUEDA

Brian vivia o auge de sua vida. O garoto do isopor e da banca de jornal havia se transformado em um dos empreendedores mais respeitados da cidade. Seu ecossistema de empresas faturava alguns milhões por ano, com operações diversificadas: bancas, livrarias, e-commerce e uma rede crescente de parcerias. A cada semana, um novo projeto parecia nascer; a cada mês, os resultados superavam as expectativas.

Naquele momento, um novo capítulo se abria. Ele havia acabado de conquistar um financiamento robusto para ampliar sua rede de livrarias, que estavam se tornando um verdadeiro ponto de encontro para leitores e jovens sonhadores. As lojas não eram apenas espaços de vendas, mas lugares de experiências: debates culturais, rodas de leitura, palestras motivacionais. O público amava o conceito, e investidores já cogitavam expandir a marca nacionalmente.

A agenda de Brian era intensa: reuniões estratégicas, convites para congressos, entrevistas em podcasts e participações em programas de TV. Não era apenas um empresário; era uma referência, um símbolo de superação. Pessoas olhavam para sua história e viam esperança. O menino que vendia água agora era a prova viva de que os sonhos são possíveis.

Tudo parecia florescer. Tudo, até que a vida decidiu testá-lo de novo.

O PRIMEIRO BAQUE: LEANDRO

Numa manhã de sexta-feira, Brian estava no escritório analisando relatórios de expansão quando recebeu uma ligação inesperada.

— Brian... você ficou sabendo? — O tom de voz de Valentina, sua amiga de infância, oscilava levemente. — O Leandro foi preso.

Ele não acreditou no que ouviu.

— Preso? Como assim?

— Por furto. Foi pego em flagrante.

O coração de Brian disparou. A notícia foi como um soco no estômago. Leandro não era apenas um amigo; era quase um irmão. Haviam crescido juntos, dividindo sonhos, derrotas e esperanças. Jogaram bola nos becos, venderam doces nos semáforos, riram e choraram lado a lado. Agora, Leandro estava atrás das grades.

Uma culpa amarga pesou no peito de Brian. Será que ele poderia ter feito mais? Será que falhou como amigo ao não estender a mão no momento certo? Enquanto ele subia os degraus do sucesso, Leandro ficou preso em escolhas erradas, enredado em um ambiente que não perdoava os mais frágeis.

O peso daquela notícia o acompanhou por semanas. Foi o primeiro golpe.

O SEGUNDO BAQUE: A PANDEMIA

Meses depois, veio o segundo baque, e esse não atingiu apenas Brian, mas o mundo inteiro.

A pandemia de COVID-19 não pediu licença, ela invadiu como uma tempestade impiedosa, arrastando vidas, sonhos e empresas. Para Brian, foi como assistir seu castelo se despedaçar diante dos olhos.

Em poucas semanas, contratos foram rompidos, lojas fecharam, fornecedores pararam de entregar. O financiamento recém-adquirido tornou-se um pesadelo: as parcelas batiam à porta enquanto a receita despencava. O prejuízo acumulado ultrapassou milhões de reais em questão de meses.

Muitos empresários, diante do caos, optaram por fazer cortes radicais: demissões em massa e enxugamento radical de despesas. Mas Brian não conseguiu. Conhecia pelo nome cada colaborador, lembrava das histórias, das famílias, das lutas. Para ele, demitir era condenar pessoas à miséria em um dos momentos mais difíceis da história.

Decidiu manter todos, mesmo sabendo que isso poderia custar o fechamento de sua própria empresa.

Queimou reservas financeiras, vendeu bens pessoais, reduziu o próprio salário a quase nada. Passava noites em claro tentando encontrar soluções criativas para gerar receita e manter o fluxo de caixa. Foi doloroso, mas resistiu.

O dinheiro que levou anos para acumular evaporou. Patrimônio, investimentos, reservas; tudo sumiu em poucos meses. Brian perdeu mais de um milhão em prejuízos acumulados. Mas não perdeu a consciência tranquila.

Ele acreditava que, mesmo quando o mundo desmorona, Deus honra o trabalho ético e correto.

O que mais doeu não foi a perda financeira, mas a solidão. As ligações cessaram. Os convites desapareceram. Os amigos de ocasião, que vibravam em tempos de glória, sumiram como fumaça. Até os mais próximos pareciam distantes. Ou talvez fosse Brian quem se afastava, mergulhado em frustração.

Para suportar a dor, ele se lançou no trabalho. Virou noites em claro obcecado por números, relatórios e planos. O dinheiro, que antes era consequência natural de sua dedicação, agora se tornou um vício, uma obsessão. Não queria apenas sobreviver; queria provar a si mesmo que ainda era capaz.

E, contra todas as probabilidades, conseguiu.

Com disciplina e resiliência, Brian começou a se reinventar. Investiu em tecnologia, digitalizou processos, criou novos modelos de negócio adaptados à realidade. Sua rede começou a crescer de novo.

Era como a águia que enfrenta a dor de arrancar o próprio bico para se renovar. Brian voltou mais forte, mais rápido, mais ambicioso. Os resultados começaram a aparecer, e a confiança do mercado foi retomada.

Mas havia um preço.

Aos poucos, ele se tornava frio. A distância com amigos e familiares aumentava. Silenciou grupos de família, esqueceu aniversários, ignorou ligações. O Brian, que ria fácil e se emocionava com pouco, havia desaparecido. Restava um homem focado em metas, movido por resultados, mas vazio por dentro.

O TERCEIRO BAQUE: A MORTE DE SR. ANTÔNIO

Foi numa terça-feira à tarde. Brian estava em uma reunião com investidores internacionais quando o celular tocou. Ignorou a primeira ligação. Depois a segunda. Na terceira, atendeu, impaciente.

— Brian... o Sr. Antônio faleceu.

O mundo parou.

Sr. Antônio não era apenas um parceiro de negócios. Era um mentor, quase um pai. Foi ele quem acreditou em Brian quando ninguém mais acreditava. Foi ele quem entregou as chaves da banca de jornal, quem ensinou que o caráter vem antes do lucro.

Brian desligou o telefone, encerrou a reunião às pressas e saiu dirigindo sem rumo. Chorou no volante como não chorava há anos. Sentiu um vazio que dinheiro nenhum poderia preencher.

A morte de seu mentor foi mais do que um luto. Foi um chamado. Um lembrete cruel de que a vida é breve e de que o verdadeiro sucesso não se mede apenas em cifras, mas naquilo que deixamos no coração das pessoas.

Mensagem de Reflexão

O sucesso pode ser barulhento, mas o sentido da vida é silencioso. Às vezes, o mundo tenta nos convencer de que vencer é acumular. Mas a verdadeira glória está em manter a alma inteira.

A vida havia lhe dado três grandes golpes:

- A prisão de Leandro, que lhe ensinou sobre responsabilidade e o peso das escolhas;
- A pandemia, que lhe mostrou o valor da resiliência diante do impossível;
- A morte de Sr. Antônio, que lhe lembrou que o verdadeiro sucesso é manter-se fiel ao que realmente importa.

Brian entendeu que a glória não está em nunca cair, mas em levantar-se todas as vezes. Mais do que isso: em permanecer humano, em não se perder no caminho.

Enquanto olhava para o futuro, sabia que ainda havia muito a reconstruir. Mas, no fundo, tinha a convicção de que Deus sempre recompensa o trabalho ético, a coragem de proteger os outros em tempos de crise e a fidelidade aos valores que jamais deveriam ser negociados.

A glória, afinal, não era apenas subir ao topo. Era ter a coragem de recomeçar, mesmo quando tudo parecia perdido.

07

O TROFÉU DO MENINO DO ISOPOR

Brian havia passado pelo fogo. Tinha enfrentado a pan-demia, perdas financeiras milionárias, o luto pela morte do Sr. Antônio e a solidão que acompanha aqueles que ousam sonhar grande. Depois de quase perder tudo, reconstruiu o império que havia levantado com tanto esforço. Voltou a prosperar. Voltou a ver resultados.

Mas, por dentro, carregava marcas que ninguém enxergava.

Ferido, frustrado e cansado de tantas batalhas, Brian começou a viver apenas para realizar aquilo que sua carne desejava. Confundiu liberdade com prazer. Confundiu vitória com *status*. O que acreditava ser "o prêmio da vida" começou a se tornar, silenciosamente, uma nova prisão.

E foi nesse cenário que ressurgiu um sonho antigo, guardado desde a infância: *a Lamborghini*.

Ele lembrava como se fosse hoje. Tinha pouco mais de dez anos quando, em um dia improvável, alguém o deixou entrar em uma Lamborghini. Uma volta rápida, mas suficiente para marcar sua alma.

O barulho do motor, o cheiro de couro, o brilho metálico da lataria, tudo parecia de outro planeta. Para um menino que vendia água no metrô e carregava jornais pesados embaixo do braço, aquilo era um vislumbre de outro mundo.

Naquela noite, Brian deitou em sua cama simples e, olhando para o teto, prometeu a si mesmo: "Um dia eu vou ter uma dessas."

A vida seguiu. Vieram as batalhas, as derrotas, os recomeços. Brian construiu, caiu, reergueu-se.

No auge da crise, quase tudo foi embora: lojas fechadas, contratos cancelados, dívidas impagáveis. O prejuízo ultrapassou milhões. Ele vendeu patrimônios, cortou despesas pessoais, sacrificou noites de sono.

Mas manteve algo intacto: sua ética. Não demitiu colaboradores, mesmo quando sabia que isso colocava em risco a própria sobrevivência da empresa. E, no final, Deus o honrou.

Anos depois, Brian não apenas recuperou o que havia perdido, ele multiplicou. As empresas floresciam novamente, os contratos voltaram, as reservas se reconstituíram.

Foi nesse momento que o menino sonhador voltou à cena. A ideia parecia loucura, mas não para ele. Brian decidiu que finalmente tinha chegado a hora. Venderia um apartamento, reorganizaria investimentos e encomendaria sua Lamborghini.

Não queria uma qualquer. Queria algo único. Personalizado. Exclusivo. Um carro que fosse tão singular quanto a própria trajetória.

E assim fez. Depois de meses de negociação, assinou os documentos e garantiu sua encomenda: uma Lamborghini zero quilômetro, feita sob medida para ele. Cada detalhe escolhido refletia não apenas seu gosto refinado, mas também uma mensagem para si mesmo: "Você venceu."

Meses se passaram. Expectativa, ansiedade, contagem regressiva. Até que, em uma manhã ensolarada, Brian recebeu a ligação que esperava:

— Sr. Brian, sua Lamborghini está pronta paraentrega.

Seu coração disparou. Pegou o carro, dirigiu até a concessionária com as mãos suando no volante, como se fosse novamente o menino da periferia prestes a dar sua primeira volta.

E lá estava ela. Linda. Incrível. Brilhante. Zero quilômetro.

Personalizada em cada detalhe: a pintura especial, os bancos com costura única, o painel configurado com as iniciais do seu nome. Tudo além do que ele poderia imaginar quando criança.

Ao ligar o motor, o rugido ecoou como música. Os olhos marejaram. Não sorriu. Chorou. Chorou, lembrando do menino de chinelo furado, do isopor pesado, das tardes vendendo jornal. Chorou lembrando do Sr. Antônio, que dizia que o caráter vinha antes de qualquer conquista.

A Lamborghini não era apenas um carro. Era o troféu de toda uma vida.

Não demorou para que a notícia se espalhasse. O menino da periferia, que começou vendendo água, agora era dono da única Lamborghini personalizada no Brasil.

O impacto nas redes sociais foi imediato. Convites começaram a chegar: desfiles de supercarros em Londres, encontros em Dubai, eventos em Mônaco, passeios exclusivos em Tóquio. O mundo queria ver de perto não apenas o carro, mas o homem que ousou sonhar e vencer.

Brian passou a ser tratado como lenda. Sua história era mais poderosa do que o próprio motor que rugia. A trajetória do improvável inspirava multidões.

Mas, por trás dos flashes e aplausos, havia um silêncio que doía. À noite, deitado em sua cobertura em Nova York, Brian percebia que nenhuma velocidade, nenhum convite internacional, nenhum olhar de admiração preenchia o espaço que o Sr. Antônio havia deixado.

A Lamborghini rugia, mas sua alma permanecia em silêncio.

O carro era lindo, perfeito, tudo além do que ele imaginou. Mas não substituía o abraço do irmão, a mesa de café da mãe, a resenha com o pai. Não apagava a saudade.

Conquistar o mundo inteiro não vale a pena se, no processo, você perder a si mesmo.

Foi numa tarde em Nova York. Brian dirigia sua Lamborghini pelas avenidas luxuosas, o ronco do motor abafando o barulho da metrópole. As pessoas paravam para olhar, apontavam, fotografavam. Brian sentia a cidade inteira se curvar àquele rugido.

Mas dentro dele, uma pergunta ecoou:

"É isso que me faz feliz? Ou é apenas o que todos esperam que eu celebre?"

Naquele instante, percebeu: o vazio que sentia não era falta de conquistas, mas de essência. Ele havia se perdido nas máscaras do sucesso, deixando de lado o propósito que um dia o guiou.

Entendeu que a Lamborghini era apenas um capítulo, não o final.

Brian sabia que não podia mais ignorar aquela voz interna. Ele havia conquistado tudo o que sonhou. Mas agora precisava recuperar algo ainda mais importante: *sua essência.*

Ajudar pessoas sempre fez sentido. Construir negócios era sua vocação. Mas, acima de tudo, ele precisava reconstruir a si mesmo.

Precisava voltar a ser filho, irmão, amigo, ser humano. Precisava voltar a ser Brian.

Mensagem de Reflexão

A jornada de Brian nos mostra que a verdadeira vitória não está em conquistar o mundo, mas em não se perder no processo. Ele realizou o sonho de infância de ter a Lamborghini, um troféu de superação, mas descobriu que nem todo triunfo traz felicidade.

Por trás dos flashes e do rugido do motor, Brian percebeu o vazio que a solidão e o luto deixaram. A Lamborghini era um símbolo de sucesso, mas não podia preencher a ausência do Sr. Antônio ou o calor de um abraço familiar.

Sua história é um lembrete de que o sucesso material é apenas um capítulo. O que realmente importa é a essência, o propósito e as conexões que nutrem a alma. Brian, ao final, entendeu que a sua maior conquista não era o carro, mas a redescoberta de si mesmo.

08

O VAZIO DE UM SONHO REALIZADO

Aos olhos do mundo, Brian vivia o auge de sua vida. Seu nome estampava capas de revistas, seus discursos inspiravam multidões e suas empresas prosperavam como nunca. Era uma referência de superação, inteligência e carisma. No auge, ele fez o que parecia impossível: comprou uma cobertura em Nova York, no distrito de Manhattan, com uma vista deslumbrante. Além de São Paulo, os Estados Unidos se tornou mais do que trabalho, se tornou um segundo lar para ele.

Mas nem tudo era sobre fama, ele também ajudava a família, fazia doações generosas e foi além: construiu um centro esportivo e um polo educativo em sua antiga comunidade, oferecendo oportunidades que ele mesmo não teve. Queria ver todos prosperarem.

Mas, por trás das câmeras, dos flashes e dos aplausos, havia outro Brian. Um homem mergulhado em festas, relacionamentos passageiros e uma rotina sem limites. O mesmo garoto que, um dia, sonhou com dignidade, agora se distanciava lentamente de sua essência, aquela que o fez prosperar com propósito.

A fama era doce, mas viciante. A mídia inflava seu ego, os amigos famosos o exaltavam. E Brian, mesmo cercado de aplausos, já não ouvia mais o som da própria consciência.

Desde a partida do Sr. Antônio, seu velho mentor, uma sombra silenciosa habitava seu coração. Era como se um pedaço de sua alma tivesse partido com aquele homem simples, mas sábio. O vazio era real, e nenhuma conquista — nem mesmo uma Lamborghini — preenchia a saudade e a ausência de direção espiritual que ele carregava.

A conexão com Deus que um dia o guiou agora parecia um eco distante. Brian seguia em frente, mas carregava um peso que nem ele sabia nomear.

Por fora, era admirado. Por dentro, estava em silêncio.

A famosa Lamborghini, única no Brasil, agora era seu cartão de visitas. Símbolo máximo de um sonho realizado. Desde criança, ele sonhava com aquele carro. Lembrava do pôster na parede do seu quarto, quando ainda entregava jornais pelas ruas do subúrbio. Para ele, a Lamborghini não era só um carro, mas um símbolo de superação, de vitória, de que tudo era possível.

Quando finalmente a comprou, vinte anos depois, chorou. Viu que o ser humano que trabalha com garra, fé e determinação pelos seus sonhos, pode e dever ser premiado com grandes resultados. Era a memória viva do menino que vendia água no metrô, que sonhava alto mesmo quando tudo ao redor dizia ser impossível. Ele já era um improvável, não quando comprou o carro, mas quando decidiu ir trabalhar para auxiliar a família. Quando disse "não" à proposta do até então melhor amigo para um trabalho criminoso, que decepcionaria a todos.

A Lamborghini era apenas o troféu de toda essa trajetória.

E o mundo começou a notar.

Com o impacto nas redes sociais e nos eventos, Brian passou a receber convites exclusivos para desfilar com o seu carro nas principais cidades do mundo. Londres, Dubai, Mônaco, Tóquio... todos queriam ver de perto o brasileiro que saiu da periferia de São Paulo e conquistou o impossível.

Sua presença virou destaque em eventos de luxo e encontros internacionais de supercarros. Era tratado como lenda. A história por trás daquele carro era mais poderosa do que o próprio motor que rugia. Era a história de um menino invisível que ousou sonhar grande, e que fez esse sonho virar realidade com suor, coragem e fé. Ele sobreviveu à pandemia, onde muitos grandes quebraram. Os anos seguintes foram vividos muito mais da estrada percorrida do que de seus trabalhos recentes.

Mas, por mais luxuoso que fosse o cenário, Brian sentia que algo lhe faltava.

Ele dirigia pelas ruas mais sofisticadas do mundo, Paris, Milão, Madri, Nova York... mas era como se estivesse sozinho no meio da multidão. Tinha tudo, mas tudo parecia raso e superficial. Sentia falta do essencial.

Nenhuma marca de grife, nenhuma sala VIP, nenhum jantar estrelado substituía o abraço do irmão, com quem não falava há meses, não por briga, mas por um afastamento natural devido à sua vida agitada. Nenhum troféu corporativo substituía os conselhos do Sr. Antônio, que agora só existiam na memória. E nenhuma cafeteria do planeta era melhor do que o café da sua mãe com a resenha de seu pai.

A fama o havia transformado num personagem. O Brian real, o que chorava escondido, o que tinha dúvidas, o que queria fazer o bem sem holofotes... esse quase ninguém via.

Até que, certo dia, dirigindo sua Lamborghini pelas avenidas luxuosas de Nova York para mais uma reunião de negócios, ele teve uma revelação. Enquanto o motor rugia e os olhares o seguiam, ele se perguntou em silêncio:

"É isso que me faz feliz? Ou apenas aquilo que todos esperam que eu celebre?"

Naquele instante, entendeu que o vazio que sentia não era falta de conquistas, mas de essência e de propósito. Antes, ele vivia para servir e ajudar as pessoas a prosperarem, mas, nos últimos anos, colocou-se no centro, sempre fazendo o que considerava o melhor para si. As sequelas emocionais da pandemia ainda estavam em seu coração.

Ele havia se perdido no brilho e nas máscaras do sucesso, e sentiu na pele que as pessoas, antes de querer conhecer o Brian, tinham muito mais interesse no que ele tinha.

Mas ali, dentro daquele carro dos sonhos, ele também enxergou uma chance: a de recomeçar.

Foi nesse dia que Brian começou sua jornada de volta para si. Ajudar os outros ainda fazia sentido. Construir era sua missão. Mas agora, precisava reconstruir a si mesmo.

Não bastava mais ter. Ele precisava ser. Ser inteiro. Ser verdadeiro. Ser filho, irmão, amigo, ser humano.

Porque a verdadeira glória não está em ser admirado pelo mundo, mas em se orgulhar da própria jornada quando ninguém está olhando.

Mensagem de Reflexão

O sucesso que te afasta de quem você é, não é sucesso. É distração. Que os seus sonhos não sejam apenas metas a alcançar, mas lembretes de quem você é e de onde você veio.

Lembre-se: aquilo que te trouxe até aqui é o que deve continuar te guiando.

E se em algum momento você se perder, volte às origens. Porque é lá que mora a verdade.

09

O DESPERTAR

Em sua cobertura em Nova York, com uma das vistas mais deslumbrantes da cidade, onde as janelas tocavam o céu, Brian olhava a cidade lá fora enquanto tomava uma xícara de café. Naquele dia, mesmo olhando o mundo por cima, nada parecia grandioso por dentro.

Ele estava com pressa, pois tinha uma reunião agendada com uma lenda brasileira e mundial que também estava nos Estados Unidos a negócios. Era seu último compromisso em Nova York e, no dia seguinte, ele pretendia voltar para São Paulo. O café quente que ele mesmo fez esfriava lentamente em sua xícara, enquanto ele observava a cidade acordar. Eram cinco horas da manhã. Lá fora, tudo parecia perfeito. Mas dentro dele... havia um vazio difícil de explicar.

Durante anos, Brian acreditou que sucesso e dinheiro eram as respostas para todas as suas dores. E por muito tempo essa crença o sustentou. Ele havia conquistado tudo o que sonhava: fama, prestígio, liberdade financeira, o respeito de empresários, convites para eventos exclusivos e, finalmente, a Lamborghini dos seus sonhos. Mas algo dentro dele já não vibrava com as mesmas conquistas.

Foi então que um encontro inesperado mudou sua percepção. Brian foi para a sua reunião, em um hotel de luxo em Manhattan, e foi recepcionado com um super café da manhã. Ele estava na mesa com um dos lutadores mais conhecidos do UFC, um campeão mundial, admirado por sua resiliência e força mental. A conversa fluiu de forma bem legal; Brian admirava o lutador e sua trajetória e disse que assistia todas as suas lutas na adolescência com seus amigos de infância. Por outro lado, o respeito era recíproco, e o lutador admirava a história de vida de Brian. O mais interessante é que foi a única pessoa, naquele período, que não perguntou sobre o seu carro, pois queria se conectar com o ser humano e não com o objeto.

Eles descobriram outra coisa em comum: ambos aprenderam a falar inglês fluentemente na Newcastle Idiomas. Tiveram aulas online com o mesmo professor, e ambos já haviam ido palestrar nas convenções que eles realizam com os colaboradores em sua matriz em Campinas (SP). Aquela conversa, que começou sobre investimentos e lutas, mudou de rota e trouxe várias reflexões, mas o momento chave foi quando o lutador o encarou com sinceridade e perguntou:

— Se hoje você perdesse tudo isso... o dinheiro, os carros, os convites, a fama... quem seria você?

Poucas coisas deixavam Brian sem palavras, mas naquele momento ele ficou em silêncio. A pergunta do lutador foi um direto no queixo. Simples, mas brutal. Brian tentou disfarçar, mudar de assunto, mas a pergunta já havia aberto uma porta em sua mente.

Após, o lutador continuou, contou que era amigo de um bilionário, um homem admirado por muitos, mas que, no seu íntimo, vivia uma vida vazia, cheia de vícios para tentar combater a depressão e a ansiedade.

E perto do fim da conversa, como se não bastasse aquela primeira pergunta, o lutador lançou a segunda, de forma direta e quase cirúrgica:

— Você está preparado para morrer?

Brian passou o resto do dia refletindo sobre aquilo.

A pergunta do lutador ecoava em sua mente.

Quem era ele... sem tudo isso?

Nos dias seguintes, começou a olhar com mais atenção para o mundo ao seu redor. As festas já não traziam alegria, pareciam uma obrigação vazia. Cercado por empresários poderosos, *influencers* famosos e artistas de renome, Brian percebia o quão rasas eram aquelas relações. Pessoas que viviam para os holofotes, mas por dentro estavam apagadas. Frustradas. Desconectadas da própria essência.

Muitos tinham tudo o que o dinheiro podia comprar, mas eram pobres de alma. Viviam uma mentira requintada, vestindo máscaras de sucesso, mas colecionando vazios silenciosos.

Brian lembrava com saudade da época em que vendia jornais de madrugada e garrafinhas de água nos vagões do metrô. Da risada da mãe na cozinha simples, das conversas verdadeiras na calçada da periferia onde cresceu. Ali havia autenticidade. Havia conexão. Havia verdade.

A cena que mais o marcou aconteceu com um amigo influente. O homem perdeu dinheiro em um investimento arriscado e, em poucos dias, sua identidade desmoronou. Passou a agir com desespero, arrogância e medo. Estava frequentando os restaurantes mais caros da cidade apenas para aparentar para os outros que não estava passando por um momento difícil, até pagou paparazzi para divulgar a sua foto. Aquilo revelou o quão frágeis eram aquelas construções que pareciam tão sólidas. Bastava perder o dinheiro e tudo ruía. Pessoas com relacionamentos destruídos, sem alma, sem propósito e escravas do que acreditavam ser "sucesso". O barulho da vida deixa muita gente fora de si. E a maioria dessas são pessoas com castelos de areia, vivendo uma vida superficial e qualquer ventinho já ameaça desmoronar toda essa aparência.

Brian se viu em uma encruzilhada: ou continuava representando um papel em um teatro social sem propósito, ou voltava a ser quem realmente era, aquele menino de fé, que via sua mãe de joelhos orando por ele; um sonhador, curioso, determinado, mas que sorria com pouco e acreditava em algo maior do que ele mesmo.

Naquela madrugada, sozinho, ele chorou. Chorou como há muito tempo não chorava. Mas não foi um choro de tristeza. Foi de compreensão. Ele havia despertado. Percebeu que estava rodeado por luxo, mas faminto de sentido. Tinha seguidores, mas carecia de conexões reais. Tinha conquistas, mas estava distante de sua essência.

Decidiu que era hora de reconstruir. Mas agora, de dentro para fora.

Passou a buscar silêncio, espiritualidade, livros que não falavam de sucesso financeiro, mas de significado. Ele buscou livros que tinham sido uma virada de chave em sua vida, livros como: *Liberte o Seu Potencial*, *Se Enxerga: Uma Jornada Transformacional* e *Sucesso Através dos Erros*. Reaproximou-se de amigos verdadeiros, procurou mentores que admirava pela alma e não pela fortuna, e redescobriu a força do caráter como o maior patrimônio de um ser humano.

Ele entendeu que o maior empreendimento da sua vida era a construção de si mesmo. E que a verdadeira riqueza não está nos cifrões, mas nas conexões que alimentam a alma.

Mensagem de Reflexão

Quem é você sem os seus bens? Quem é você quando ninguém está aplaudindo? Quem é você quando tudo o que é externo deixa de existir?

Brian descobriu que a resposta para essas perguntas define o verdadeiro sucesso. Porque o que realmente vale é o que você carrega quando tudo o resto se vai: seus valores, sua fé, sua verdade.

Você pode até perder tudo que é material, mas se não perder a si mesmo, você sempre terá com o que recomeçar.

10

O NASCIMENTO DA SUA NOVA VERSÃO

Brian ficou dias em silêncio depois daquele café da manhã com o lutador de UFC. A pergunta do lutador ecoava em sua mente:

"Se hoje você perdesse tudo isso... o dinheiro, os carros, os convites, a fama... quem seria você?"

Ele não respondeu na hora. Mas por dentro, algo se quebrou. E naquele estalo, começou o que ele ainda não sabia, mas seria o maior renascimento da sua vida.

Durante anos, acreditou que estava construindo sua identidade: o nome nas revistas, os convites exclusivos, os eventos com artistas e empresários poderosos, os brindes em taças de cristal, os carros que chamavam atenção por onde passavam. Acreditou que os aplausos eram prova de evolução. Que o respeito conquistado era a confirmação de que tinha se tornado alguém.

Mas, naquela manhã, percebeu que talvez tivesse se afastado do que o fazia ser... ele mesmo.

"Você está preparado para morrer?"

As duas perguntas do lutador ecoavam em sua mente, mas essa o rasgava por dentro, espiritualmente. Ele dormia pensando nisso, acordava inquieto. A mente não parava. Brian tentava seguir a rotina, mas era como se tivesse sido despido por dentro.

Quem ele era, afinal?

Pensava na infância, no isopor de água, nos jornais vendidos nos cruzamentos. Pensava no orgulho da mãe, na fé simples do pai, na parceria do irmão. Pensava no Sr. Antônio, o mentor que partira. Tudo parecia tão distante agora. Como se ele tivesse se tornado um personagem que interpretava diariamente, mas que já não se reconhecia no espelho.

A conversa com o lutador, que deveria durar quarenta minutos, se estendeu por horas. Eles riram, se emocionaram, ficaram em silêncio e voltaram a falar. E quando o sol já se punha, Brian sentia que havia nascido ali não apenas uma amizade, mas um chamado.

Conversas que nos provocam têm esse poder. Elas nos tiram da vida automática. E era disso que ele precisava: parar de correr no piloto automático e olhar, com sinceridade, para dentro de si.

Mas o incômodo só crescia.

Nem todo o luxo do mundo conseguia calar o que gritava dentro dele. As festas pareciam vazias. Os jantares, monótonos. As reuniões milionárias, desinteressantes. Era como se estivesse cercado de gente, mas completamente sozinho. Nada preenchia. Nada fazia sentido.

O mundo dizia que ele estava no topo. Mas por dentro, a sensação era de estar no fundo de um poço, invisível.

Foi em uma noite qualquer, sozinho em sua cobertura, após retornar de uma viagem internacional, que Brian sentiu que não aguentava mais. Estava no silêncio da madrugada, olhando para o teto, com a TV ligada sem som e a cidade pulsando lá fora. Aquela solidão doía mais do que qualquer derrota que já enfrentara.

Levantou-se. Pegou o celular.

Ligou para sua mãe.

Ela atendeu emocionada, com aquela voz suave e acolhedora que só as mães têm.

— Oi, meu filho... que saudade de ouvir sua voz.

Ele engoliu o choro.

— Mãe... me perdoa. Pela ausência, pelo silêncio. Por ter me deixado levar. Eu... eu preciso me reencontrar.

Ligou depois para o pai, o homem simples de poucas palavras, mas com valores sólidos como rocha. E depois, para o irmão, com quem não falava direito há meses.

Pediu perdão. Não por algum erro específico, mas por ter se afastado. Por ter deixado a correria engolir os afetos. Por ter priorizado o mundo e deixado para depois quem sempre esteve com ele.

— Eu preciso de um tempo. Uma última viagem. Mas dessa vez não é de negócios, nem de lazer. É uma viagem para dentro... para me reconectar.

Sem contar a mais ninguém, comprou uma passagem. Queria desaparecer; não por fuga, mas por necessidade de reencontro.

Escolheu um lugar remoto: uma ilha da Oceania, próxima à Austrália, que nem aparece nos mapas turísticos. Levou apenas uma mochila com roupas simples.

Nenhum computador.

Nenhuma câmera.

Nenhum celular.

Nenhuma mídia social.

Apenas ele, a natureza e o som do próprio silêncio.

A chegada foi impactante. O avião pousou em uma pista de terra, e depois foi necessário um barco por duas horas para alcançar a ilha. As pessoas que ali viviam falavam um dialeto local, e alguns arranhavam o inglês. As casas eram de madeira, algumas cobertas com folhas secas, outras feitas de barro. Mas o que mais chamou atenção foi o olhar das pessoas: sereno, tranquilo, inteiro.

Nos primeiros dias, o silêncio foi quase insuportável.

Acostumado com notificações, ligações, agendas lotadas e compromissos inadiáveis, Brian se viu agora apenas com a própria mente; e ela gritava.

Andava pela praia. Nadava no mar cristalino. Assistia ao pôr do sol. Mas por dentro, ainda era ruído. Ainda era peso. Ainda era pressa.

Foi então que conheceu Eliah.

Um senhor de idade indefinida, barba branca longa e olhos profundos como o oceano. Vestia-se de forma simples, mas seu caminhar era firme. Era conhecido na vila como "O Sábio". Diziam que ele havia rodado o mundo e escolhido viver ali, longe do barulho, perto da verdade.

O primeiro encontro foi numa trilha de pedras à beira-mar. Eliah estava meditando sob uma árvore.

Brian parou, respeitoso. Observou de longe.

O velho abriu os olhos, olhou direto para ele e disse, sem cerimônia:

— Você está perdido.

Não foi um julgamento. Foi uma constatação.

Brian apenas assentiu.

— Então venha. Às vezes, para se encontrar, é preciso primeiro se perder por inteiro.

A partir daquele dia, começaram os encontros diários.

Eliah não dava respostas. Fazia perguntas. E essas perguntas cortavam fundo:

— Quem é você quando ninguém está olhando? O que resta quando tudo te é tirado? Você sabe descansar? Você já ouviu o som do próprio silêncio?

Caminhavam por horas, colhiam frutas, tomavam chás de folhas nativas, sentavam à sombra das árvores. Eliah falava de sabedorias milenares: dos estoicos, dos monges tibetanos, dos sufis... mas principalmente, de um homem chamado Jesus de Nazaré.

— Ele não veio para fundar uma religião. Ele veio para nos reconectar ao que é eterno. Veio nos lembrar de que a vida é mais que aparências, mais que o externo... é sobre essência.

Brian já tinha ouvido tudo aquilo antes. Mas agora, algo nele estava pronto para ouvir com o coração.

Começou a participar da vida simples da vila. Plantava, varria, cozinhava. Descobriu o prazer das coisas pequenas. De servir sem precisar aparecer. De ajudar sem esperar retribuição.

Certa manhã, Eliah mostrou a ele uma pedra lisa, que havia encontrado no rio.

— Veja essa pedra. Ela não tenta provar nada. Não tenta ser mais do que é. Apenas... é. E por isso é forte, é bela, é completa.

Brian ficou em silêncio por longos minutos. Estava entendendo, enfim.

Depois de tanto tempo tentando ser "alguém para o mundo", tinha esquecido de ser "alguém para si mesmo".

Em uma tarde chuvosa, vasculhando a pequena biblioteca de Eliah, Brian encontrou um livro empoeirado, escrito por um autor brasileiro em uma versão em inglês: *Princípios Poderosos para Recomeçar*.

Ele leu por curiosidade, atraído pelo nome e pelo fato de ser um autor brasileiro. A cada página, era como se estivesse se olhando no espelho. O livro falava de perdão, reconexão, fé e propósito. Falava da coragem de abandonar o superficial para reencontrar o eterno. Falava do poder do recomeço — não como fraqueza, mas como força.

Brian leu aquele livro em dois dias. Depois, releu. E chorou. Não por dor, mas por alívio. Como se algo, dentro dele, enfim, tivesse voltado para casa.

Na última semana, Eliah entregou-lhe um caderno de folhas em branco.

— Escreva. Com a alma. Não para vender. Não para impressionar. Mas para lembrar.

E Brian escreveu. Escreveu sobre a infância. Sobre a família. Sobre o Sr. Antônio. Sobre os sonhos. Sobre os medos. Sobre Deus. Escreveu sobre o que não tinha coragem de dizer nem a si mesmo.

No final daquele dia, ao se despedirem, Eliah, percebendo a alma aflita de Brian, reforçou o ensinamento do dia e disse:

— O mundo lá fora vai continuar barulhento. Mas agora você tem aqui dentro um lugar de silêncio. Sempre que se perder, volte para cá. E não me refiro à ilha. Refiro-me ao lugar que encontrou dentro de você.

Brian sorriu. Abraçou aquele homem como quem abraça o próprio destino. E prometeu: jamais se afastaria de si mesmo outra vez.

Mensagem de Reflexão

Às vezes, é preciso se perder do mundo para se reencontrar na alma. Brian descobriu que o maior sucesso da vida não está nos holofotes, mas na paz interior. Que não é sobre vencer o mundo... É sobre vencer a si mesmo.

A viagem mais importante não é geográfica.

É espiritual.

O silêncio que ele encontrou não o isolou. Pelo contrário, reconectou-o com tudo o que é essencial. Com a vida. Com o propósito. Com a fé.

O livro *Princípios Poderosos para Recomeçar* foi como um espelho. Cada página dizia, com simplicidade e verdade: você não precisa ser mais. Só precisa ser você, com coragem e fé.

Talvez você esteja vivendo no automático. Talvez tenha se esquecido de onde veio e, principalmente, de quem você é. Mas ainda dá tempo. Sempre dá tempo.

Desligue o barulho por um instante. Respire fundo. Volte para o lugar onde sua alma mora.

Recomece, não do zero, mas de onde você se perdeu de si.

Porque, no fim das contas, não é sobre o que você tem... é sobre quem você é quando ninguém está olhando.

11

O MESTRE E O CAMINHO

O tempo na ilha já não era mais contado por relógios. Os dias se mediam pelo som do mar, o calor do sol, as sombras nas árvores e o silêncio entre uma pergunta e outra. Brian já não sentia mais ansiedade. Aos poucos, seu coração desacelerava. Sua alma, que antes vivia em guerra, começava a repousar em paz.

E foi nesse cenário de serenidade que o vínculo entre ele e Eliah começou a se transformar em algo mais profundo: uma verdadeira relação de discipulado.

Brian, que antes liderava centenas de pessoas, agora se colocava na posição de aprendiz. Sentava-se no chão de terra batida, ouvia, anotava, perguntava, calava. Pela primeira vez na vida, entendeu que sabedoria não se impõe com palavras, ela se absorve com humildade.

Numa manhã, Eliah o chamou logo após o nascer do sol.

— Hoje começaremos algo novo. Você está pronto? — perguntou com aquele tom que parecia atravessar a carne e ir direto ao espírito.

Brian assentiu. Já não precisava de muitas palavras. O silêncio entre eles era confortável, quase sagrado.

Eliah caminhou até uma pequena caixa de madeira no canto da cabana e retirou um livro surrado. As páginas estavam marcadas com flores secas, grifos feitos à mão e anotações em tinta desbotada. Era a Bíblia, não apenas um livro, mas uma bússola, uma herança, um mapa de vida.

— Esse livro não é apenas para ser lido — disse Eliah. — Ele é para ser vivido. Cada versículo que eu vou te mostrar hoje moldou o homem que eu sou. E se você deixar, pode moldar o homem que você será.

Sentaram-se em um banco de madeira diante da horta. O cheiro de terra molhada, o som de pássaros e o calor leve do sol criavam um ambiente quase celestial.

Eliah abriu o livro e leu o primeiro versículo:

— *"Consagre ao Senhor tudo o que você faz, e os seus planos serão bem-sucedidos."* (Provérbios 16:3).

Ele fechou o livro e olhou para Brian.

— Brian, você passou a vida tentando fazer tudo por conta própria. Controlar, prever, alcançar, acumular. Mas consagrar ao Senhor significa entregar. Não é desistir... é confiar. Você já experimentou a paz de viver confiando em algo maior que você?

Brian engoliu seco. Pela primeira vez, percebeu que sua fé havia sido funcional: só recorria a ela em momentos de desespero.

— Não, nunca de verdade. Sempre fui guiado pela lógica, pelo planejamento, pelo controle.

— E como isso tem funcionado para sua alma?

O silêncio foi a resposta.

Depois, Eliah abriu a Bíblia em outra página e leu outro versículo:

— "*Há quem dê generosamente e vê aumentar suas riquezas; outros retêm o que deveriam dar, e caem na pobreza.*" (Provérbios 11:24).

Novamente, fechou o livro e olhou para Brian.

— Generosidade não é sobre dinheiro. É sobre energia, tempo, escuta. Você acumulou muito... mas quanto disso realmente deu? E não me refiro a doações públicas. Falo daquilo que se dá no invisível.

Brian lembrou das vezes em que seus funcionários precisavam de escuta, mas ele respondia com pressa. Lembrou do pai doente, da mãe ansiosa por uma ligação… e de como sempre dizia: "Depois eu vejo isso."

O coração apertou.

Dias depois, sentados debaixo de uma figueira, Eliah apontou para o céu:

— A boca fala do que o coração está cheio. Por isso, lembre-se: *"Quem é cuidadoso no que fala evita muito sofrimento."* (Provérbios 21:23).

Ele olhou para Brian.

— Sua palavra pode levantar ou destruir alguém. Já destruiu alguém com palavras, Brian?

Ele respirou fundo, com os olhos marejados:

— Já destruí a mim mesmo… com as palavras que dizia quando estava só.

— Então comece aí. Seja gentil com você. E depois com o mundo.

O ensinamento seguinte veio em forma de provocação:

— *"O coração do que tem discernimento adquire conhecimento; os ouvidos dos sábios saem à sua procura."* (Provérbios 15:14).

Eliah colocou a mão sobre a barba branca e, em seguida, perguntou olhando para o céu.

— Você ainda quer aprender? Ou já acha que sabe demais?

— Agora sei que não sei nada — respondeu Brian, com sinceridade.

Eliah sorriu.

— É nesse ponto que o verdadeiro conhecimento começa. Quando a arrogância dá lugar à sede de sabedoria.

Os dias continuavam com novas lições. Em uma noite de tempestade, com velas acesas e trovões ao fundo, Eliah abriu novamente a Bíblia:

— *"Como a cidade com seus muros derrubados, assim é quem não sabe dominar-se."* (Provérbios 25:28). Disciplina, Brian.

Sem ela, você é vulnerável. Pode conquistar o mundo, mas será dominado por qualquer impulso. Raiva, ganância, orgulho...

Brian olhou para o chão, em silêncio.

— Já passei por isso muitas vezes.

— Então erga seus muros. Não para se isolar, mas para proteger o que há de mais sagrado em você.

Na manhã seguinte à subida ao monte, Brian acordou com a sensação de que algo dentro dele havia se alinhado. Ainda não sabia explicar, mas sentia uma paz serena e firme, diferente da euforia passageira de uma conquista.

Eliah, como se lesse seus pensamentos, apareceu com duas canecas de chá de hibisco.

— A paz que você sente agora — disse o velho, entregando-lhe uma das canecas — não é ausência de problemas. É presença de propósito.

Sentaram-se sob uma mangueira frondosa, de onde se via o horizonte azul se fundindo com o céu. Ali, Eliah puxou um pergaminho antigo, que havia escrito tempos atrás, com os versículos que vinha ensinando. Entregou a Brian.

— Esses princípios não são apenas para te transformar. São para você transmitir. Um dia, alguém vai precisar do que você aprendeu aqui. E você precisa estar pronto para ensinar com a vida, não só com palavras.

Brian ficou em silêncio, tocado com a confiança. Pela primeira vez, entendeu que havia uma missão por trás da sua mudança. Não era só sobre ele. Era sobre quem ele se tornaria para os outros.

— Então, você quer que eu ensine... a Bíblia?

Eliah sorriu.

— Eu quero que você viva a Bíblia. As pessoas não precisam de discursos... elas precisam de testemunho.

Os dois passaram a tarde revisando cada versículo aprendido, mas agora com um novo foco: como aplicá-los nas relações, nos negócios, nas decisões do dia a dia. Era como se Eliah estivesse transferindo a tocha e Brian soubesse, no fundo, que logo chegaria a hora de partir.

Durante os dias seguintes, Eliah propôs um desafio prático: Brian deveria passar um dia inteiro com os moradores da vila, sem Eliah por perto, aplicando os princípios que havia aprendido.

O DIA DO TESTE.

Brian começou ajudando um casal de idosos na manutenção do telhado. Em vez de liderar como empresário, ouviu como aprendiz. Foi cuidadoso com as palavras (Pv 21:23), incentivou com sabedoria (Pv 15:14) e ofereceu seu tempo com generosidade (Pv 11:24). Ao final, os dois lhe ofereceram uma sopa simples, mas o olhar de gratidão dizia mais do que mil banquetes luxuosos.

À tarde, sentou com um adolescente que estava perdido emocionalmente, sem saber o que fazer da vida. Em vez de dar respostas prontas, Brian fez perguntas profundas. Convidou-o a buscar conhecimento, a bater em portas maiores que ele mesmo (Mt 7:7-8), e a confiar que, com diligência e fé, sua vida teria direção (Pv 13:4).

Ao final do dia, voltou para a cabana. Eliah o esperava com um sorriso contido.

— E então?

Brian apenas respondeu com uma frase:

— Agora eu entendo. Não é sobre dominar o mundo. É sobre servir ao mundo com o que foi dominado dentro de mim.

Eliah ficou em silêncio. E, com olhos marejados, abraçou seu discípulo.

— Agora você está pronto para partir.

O ÚLTIMO ENSINAMENTO.

Na última noite, diante da fogueira, Eliah entregou a Brian um presente: um anel de madeira, feito com um galho da árvore sob a qual tiveram seu primeiro encontro. No interior do anel, gravado à mão, estavam as iniciais de cada um dos versículos que haviam estudado juntos.

— Isso não é um talismã. É um lembrete. Sempre que o barulho do mundo te tentar, olhe para isso e lembre-se de quem você é... e de onde Deus te tirou.

Brian apertou o anel nas mãos como quem segura uma herança. Eliah então se levantou e caminhou até o mar, como fazia todas as noites. Mas, dessa vez, levou um pouco mais de tempo para voltar.

Quando voltou, disse apenas:

— Eu te levei até a beira. A partir daqui, o caminho é teu com Deus.

Brian entendeu. A jornada com o mestre chegava ao fim. Agora era sua vez de caminhar como um.

Brian permaneceu mais dois dias na ilha. Não por necessidade, mas por honra. Queria guardar na alma cada som, cada cheiro, cada silêncio. No último amanhecer, escreveu uma carta que deixou para Eliah:

> "Você me ensinou a viver sem precisar vencer. Me mostrou que coragem não é ausência de medo, mas presença de fé. Me fez lembrar que um coração entregue é mais forte que uma mente ansiosa. Obrigado por me ensinar não há ser mais... mas a ser inteiro."

Ao deixar a ilha, Brian já não era apenas um homem bem-sucedido. Era um homem presente.

Um mentor em formação.

Um servo em missão.

Mensagem de Reflexão

Você também pode ter um Eliah em sua vida, alguém que o ajude a enxergar a verdade. Ou, com a sabedoria que você adquire, você pode se tornar um Eliah para outra pessoa, oferecendo o que recebeu.

Se está buscando respostas, talvez o que falte seja uma pergunta certa. Se está sentindo vazio, talvez seja hora de parar de acumular e começar a consagrar. Se está cansado de correr, talvez seja hora de andar com propósito.

E quando tudo parecer demais, lembre-se de Josué 1:9:

"Seja forte e corajoso! Não tenha medo, nem desanime, pois o Senhor, seu Deus, estará com você por onde você andar."

A jornada da alma começa com um passo: humildade.

Depois vem o segundo: escuta.

E então, o mais importante: ação.

Que você tenha coragem de recomeçar, como Brian, e fé para não andar só. Porque Ele está contigo. Sempre esteve.

12

O RETORNO DE BRIAN A SÃO PAULO

O retorno de Brian a São Paulo havia se completado. Não era sobre pressa. Não havia urgência. Era sobre plenitude. Ele carregava agora dentro de si o que buscara na ilha: silêncio, clareza e direção. Pela primeira vez, sentia que não voltava como quem foge de um vazio, mas como quem retorna com uma missão.

Na manhã da partida, caminhou lado a lado com Eliah até a beira do mar. O sol nascia em tons dourados e alaranjados, refletindo sobre a superfície tranquila das águas. As ondas quebravam suavemente, como se cada batida fosse uma bênção, um lembrete de que ciclos terminam apenas para que outros possam começar.

— Chegou a hora — disse Brian, com um sorriso sereno.

Eliah apenas assentiu. Seus olhos, profundos e calmos, transmitiam mais do que qualquer palavra poderia dizer. Entregou-lhe uma pequena sacola de linho com folhas secas, chá e o caderno de anotações que Brian havia escrito durante os dias de silêncio e reflexão.

— Vá em paz — disse Eliah, pousando a mão no ombro dele. — E lembre-se: o mundo não vai mudar só porque você mudou. Mas a forma como você reage a ele... isso transforma tudo.

Brian o abraçou como um filho abraça um pai. Não havia necessidade de palavras. Era um adeus físico, mas um vínculo eterno no espírito. Sabia que aquele homem, com sua sabedoria simples e direta, seria para sempre uma voz em seu coração.

Durante o voo de volta, Brian não buscou distrações. Não ligou a tela de bordo, não abriu revistas, não se rendeu ao sono. Pegou o caderno que Eliah lhe dera e começou a escrever. As palavras saíam com uma fluidez impressionante, como se já estivessem escritas em algum lugar dentro dele, apenas aguardando o momento certo para emergir.

Não eram apenas memórias. Eram princípios. Segredos que haviam moldado sua transformação. Verdades que, um dia, salvaram sua vida e que agora precisavam ser transmitidas.

Cada página era um mergulho em sua própria jornada: o menino que vendia água no isopor e jornais nas esquinas; o jovem ambicioso que acreditou que dinheiro era tudo; o homem que conquistou o que parecia impossível, mas perdeu a essência no meio do caminho; e, finalmente, o ser humano que encontrou em Deus e nos princípios eternos o sentido que tanto buscava.

Brian escrevia com uma intensidade rara. As frases brotavam como rios, sem esforço. Ele sabia que não era apenas sua mente no comando, mas algo maior, que o guiava linha após linha. Naquele avião, suspenso entre céu e terra, nascia um livro que não era apenas dele. Era um presente para todos que precisavam recomeçar.

Quando o avião pousou em São Paulo, Brian sentiu o choque da cidade. O som das buzinas, a pressa das pessoas, o concreto frio. Tudo estava igual, mas ele estava diferente. Desta vez, não era um homem em busca de reconhecimento. Era alguém com propósito.

No portão de desembarque, sua família o esperava.

A mãe correu ao encontro dele, abraçando-o com força, as lágrimas rolando discretamente pelo rosto.

— Meu filho... — disse ela, com a voz embargada.

O pai segurou o choro, mas seus olhos brilhavam com um orgulho silencioso, aquele orgulho típico de homens simples que aprenderam a falar mais com atitudes do que com palavras. O irmão sorriu, observando cada detalhe, e murmurou:

— Você está diferente. Mas... está melhor.

Em casa, Brian entregou o caderno à mãe.

— Terminei no avião. Escrevi com tudo que tenho aqui dentro.

Ela passou os dedos devagar pelas páginas escritas à mão, como quem toca em uma relíquia.

— Esse livro vai transformar muita gente, Brian. Mas eu sei... ele já transformou você.

Brian não respondeu. Apenas sorriu. Porque sabia que ela estava certa.

Na manhã seguinte, vestiu roupas simples. Nenhum terno elegante, nenhum relógio de luxo. Apenas o essencial. Olhou-se no espelho e, pela primeira vez em anos, não viu um empresário tentando se provar. Viu um homem pronto para servir. Respirou fundo e disse a si mesmo:

— De hoje em diante, tudo que eu fizer será para honrar a Deus, honrar as pessoas que confiaram em mim e viver com propósito.

Chegando à empresa, convocou os líderes. Eles estavam acostumados a reuniões rápidas, objetivas, focadas em números e metas. Mas, desta vez, encontraram outro ambiente. No centro da sala, havia uma Bíblia aberta. Uma música suave tocava ao fundo. Na lousa, estava escrito:

"Consagre ao Senhor tudo o que você faz, e os seus planos serão bem-sucedidos." (Provérbios 16:3).

— A partir de hoje — disse Brian com firmeza — este será o novo mantra das nossas empresas.

Alguns riram, desconfortáveis. Outros ficaram em silêncio, tentando entender. Dois gerentes, incomodados, pediram demissão dias depois. Mas Brian não recuou. Pela primeira vez, não precisava agradar. Precisava apenas obedecer à verdade que agora pulsava dentro dele.

Criou pausas de oração e meditação, destinou 50% dos lucros a projetos sociais, sem propaganda ou holofotes. Passou a enxergar os funcionários, não como recursos, mas como pessoas, com sonhos, histórias e dores.

No início, muitos resistiram. Mas, pouco a pouco, algo surpreendente aconteceu. O faturamento das empresas alcançou níveis históricos. Os clientes percebiam algo diferente no atendimento, na cultura, na essência. Era como se o espírito da integridade tivesse se tornado o maior diferencial competitivo.

A imprensa, que antes o procurava para falar sobre festas, bens e conquistas, agora queria ouvir sobre sua filosofia de gestão, seus projetos sociais e sua nova visão de liderança. Brian voltou aos holofotes, mas não para exibir conquistas, e sim para compartilhar valores.

Ele reformulou a conferência anual da *holding*. Nada de luzes fortes ou discursos inflados de ego. No centro do palco, apenas uma cruz de madeira. O tema: "Liderar com propósito, servir com amor."

Executivos choraram. Outros resistiram. Mas todos, sem exceção, foram tocados. Brian subiu ao palco com a Bíblia em mãos e disse:

— Tudo mudou... porque eu mudei. E eu mudei... porque fui alcançado pela verdade.

A cada versículo que compartilhava, lembrava-se dos ensinamentos de Eliah. E a plateia o ouvia em silêncio reverente, entendendo que aquilo não era apenas um discurso, mas um testemunho.

Ao final, uma gerente se aproximou com os olhos marejados:

— Eu estava quase desistindo da minha fé... mas hoje, Deus me lembrou de quem eu sou.

Brian entendeu: sua missão agora era inspirar, servir, transformar.

O livro que havia começado no voo não seria lançado imediatamente. Brian sabia: haveria um tempo certo. Deus mostraria quando. Ele não queria que fosse apenas mais um produto de mercado. Queria que fosse uma semente plantada no coração certo, no momento certo.

Aquelas páginas carregavam mais do que histórias; traziam verdades de um menino que, quando não tinha nada, tinha tudo — sonhos, amor, propósito, alegria e gratidão. Mas que, ao conquistar tudo o que parecia impossível, perdeu a essência, mergulhou em aparências e descobriu o vazio que a abundância sem sentido deixa para trás.

Agora, restaurado, compreendia a lição que a vida inteira tentara lhe ensinar: ser é sempre maior do que ter. Uma verdade que só encontra quem decide viver por propósito, e não por aparência.

O desejo de mergulhar nas águas e se batizar batia forte em seu coração todos os dias. Mas Brian decidiu esperar. Não por fraqueza, mas por respeito. Ele queria ter certeza de que sua transformação não seria apenas um impulso, mas um compromisso de vida.

E no silêncio daquela espera, entendeu: a verdadeira mudança não é provada diante dos olhos do mundo, mas na constância de um coração que escolhe, dia após dia, nunca mais voltar a ser o mesmo.

Mensagem de Reflexão

Mudar o mundo talvez seja grande demais. Mas mudar seu mundo já é um começo. E foi isso que Brian fez.

Ele não virou outro homem. Ele apenas voltou a ser quem era... antes de se perder de si.

Se você sente que há algo fora do lugar, talvez seja Deus sussurrando: *"Volte para mim. Volte para você."*

E quando você fizer isso, vai descobrir que a paz que buscava no mundo, estava o tempo todo dentro de você.

13

PLANTANDO O FUTURO

Brian agora vivia um dia de cada vez. Não por falta de planos, mas por abundância de presença. Aprendeu com Eliah que a verdadeira paz não está no controle absoluto do amanhã, mas na entrega sincera do hoje. Era um novo homem. Não por fora, por dentro.

Sua manhã começava diferente de antes. Sem notificações, sem pressa. Ele ajoelhava-se ao lado da cama, com o coração aberto e os olhos fechados. Orava em voz baixa:

— Senhor, obrigado por mais um dia. Que eu não me esqueça de quem sou. Que eu nunca me afaste de Ti, mesmo que o mundo grite ao redor. Que a minha vida seja uma resposta de gratidão à Tua graça. Usa-me hoje para tocar alguém. E que tudo o que eu fizer que seja para a Tua glória.

Essa oração se tornou o alicerce de sua rotina.

Brian sabia que o mundo girava rápido. Mas ele não precisava mais girar junto. Havia encontrado um ritmo que respeitava sua alma. E foi nesse espírito que decidiu começar uma nova rotina: visitar, pessoalmente, todos os lugares onde sua empresa havia investido. Escolas reformadas, centros de apoio à juventude, projetos de capacitação em periferias e comunidades esquecidas; todos frutos da nova visão que nasceu após sua transformação.

Cada sorriso que recebia valia mais do que qualquer bônus anual.

Numa dessas visitas, retornou ao seu antigo bairro.

O chão batido, as risadas ecoando entre becos, o cheiro da comida simples, tudo estava ali. E, no centro de tudo, a banca. A mesma onde aprendeu a negociar, respeitar, sonhar. A que foi do Sr. Antônio.

Encostou a mão na madeira da estrutura agora revitalizada. Respirou fundo. Era como se abraçasse o menino que foi um dia. Ali, o passado e o presente se encontraram.

Naquela mesma semana, enquanto participava de um culto simples em uma igreja local que havia ajudado a reformar, Brian foi profundamente tocado por uma mensagem sobre arrependimento e novo nascimento. O Pastor leu João 3:5: *"Ninguém pode entrar no Reino de Deus se não nascer da água e do Espírito."*

No meio daquela comunidade, ele sentiu com clareza: era hora de selar seu novo caminho com Deus. Na semana seguinte, Brian foi batizado.

A cerimônia foi íntima, apenas com sua família e irmãos em Cristo. Ele desceu às águas com o coração limpo e saiu delas com os olhos marejados. Disse com firmeza:

— Hoje, deixo para trás o homem que fui e me visto da nova vida que recebi.

Ali, sua história ganhou uma nova direção. E foi como se o céu sussurrasse ao seu espírito: "Agora você está pronto."

Dias depois, Brian retornou ao bairro de sua infância. Lá, reencontrou Valentina, sua amiga. Desde o passeio de Lamborghini, ele havia sentido algo diferente por ela, um sentimento que ia além da amizade e se transformava em algo maior: amor. Ela estava envolvida em projetos sociais, ajudando crianças com aulas de reforço e leitura. Quando os olhares deles se cruzaram, algo despertou e Brian confirmou o que sentia.

— Ainda tem aquele olhar inquieto de quem quer mudar o mundo — disse ela com um sorriso.

— E você ainda tem aquele dom de me fazer querer ser melhor — respondeu Brian.

O reencontro elevou a amizade a um novo nível, transformando-a em cumplicidade. Naturalmente, abriu portas para o amor. Pouco tempo depois, casaram-se em uma cerimônia simples, verdadeira e cheia de propósito.

Durante o casamento, Brian reencontrou Leandro, seu amigo de infância, que foi convidado por Valentina. O novo Brian, com o coração em paz, perdoou o amigo, resolvendo uma pendência emocional de anos e reafirmando o poder do perdão.

Com o tempo, os filhos vieram como bênçãos, e Brian se tornou um novo homem: presente, íntegro e completamente guiado por Deus.

Sua empresa, agora com mais de mil filiais, respirava uma nova cultura. Princípios bíblicos ensinados por Eliah estavam por toda parte, não apenas em quadros nas paredes, mas nas decisões, nos relacionamentos e nos propósitos. A cultura do lucro deu espaço à cultura da eternidade.

Em suas palestras, agora lotadas e aguardadas em todo o país, ele falava com a autoridade de quem viveu cada palavra. Encerrava sempre com a mesma frase:

— Não é sobre o que você conquista. É sobre quem você se torna.

Atletas, artistas, empresários e milhares de jovens queriam ouvir o que ele tinha a dizer. Mas ele deixava claro:

— Eu não tenho uma fórmula. Eu tenho princípios. E uma aliança com o céu.

Embora muitos o amassem, outros o criticavam. Inveja, comentários maldosos nas mídias sociais, boatos criados para prejudicar. Por todos os lados, tinha alguém querendo desaprovar as suas atitudes.

Mas Brian sabia: quando você decide agradar a Deus, inevitavelmente desagrada ao inimigo. E isso é sinal de que está no caminho certo.

Enquanto isso, o livro que havia começado a escrever no voo de volta à ilha continuava guardado. Ele o mantinha em segredo. Não por medo, mas por zelo. Sabia que palavras têm poder. E aquele livro não era um produto, era um chamado.

Após o batismo, algo mudou em seu coração. Sentiu que o tempo havia chegado. Que a mensagem precisava ser liberada.

Naquela mesma noite, de joelhos ao lado da cama, ele orou:

— Senhor, aquele livro não é meu. É Teu. Que cada página alcance quem precisa. Que cada frase seja uma semente. Que cada testemunho glorifique Teu nome.

Olhou pela janela. Lá fora, a cidade acesa. Lá dentro, um homem em paz.

Sim. Estava pronto.

Não apenas para lançar um livro.

Mas para continuar sua missão.

Mensagem de Reflexão

Você pode conquistar o mundo inteiro, mas se perder sua essência, perdeu tudo.E pode não ter nada, mas se tiver paz com Deus, tem tudo.

Não é sobre *performance* e nem sobre aparência. É sobre presença.

É sobre saber que você não precisa ser perfeito para ser usado.

É sobre confiar que, mesmo quebrado, você pode ser luz.

Seu recomeço não depende do cenário, e sim da decisão. E amanhã, quando as luzes do auditório se acenderem, o mundo vai conhecer não apenas um livro, mas o homem que decidiu viver com propósito.

14

A VENDA DA LAMBORGHINI

O tempo passou, Brian, agora, vivia a plenitude de sua nova vida. Casado, pai de filhos amorosos, cercado por pessoas com os mesmos valores e princípios, e com seus negócios prosperando mais do que nunca. Seu nome era respeitado não apenas pelo sucesso, mas pela transformação. Era um homem que viveu muitos recomeços e, em cada um deles, foi ficando mais leve, mais verdadeiro.

Mas havia algo pendente.

Na cobertura que ainda mantinha em Nova York, estacionada sob um lençol preto de cetim, estava sua Lamborghini. Aquela máquina reluzente, capa de revistas internacionais, símbolo de exclusividade e riqueza.

Era única. Pintura feita sob medida, detalhes em ouro, banco personalizado com o nome "Brian" gravado no couro. Um troféu de quando o menino que vendia água no metrô de São Paulo havia vencido o mundo.

Para muitos, aquele carro era o ápice da vitória.

Mas para Brian, representava algo a mais: era também o símbolo da vaidade, do ego, da vida que um dia o seduziu e o afastou da sua essência.

E antes de lançar o livro que escrevera no voo de volta à ilha — a obra que contava toda sua trajetória — ele sabia que precisava se libertar de vez da última corrente.

Brian sabia que, por mais que sua vida tivesse sido transformada, ainda existia uma última ligação com o homem que ele foi: aquela Lamborghini.

Não era apenas um carro. Era a memória materializada de tudo o que ele conquistou e tudo o que quase o destruiu.

Ele lembrou de quando a comprou. Tinha acabado de fechar uma grande fusão internacional. Estava no topo, celebrando com champanhe, e decidiu que precisava de um símbolo à altura do seu sucesso. Mandou fazer sob encomenda. Pagou o preço de uma pequena mansão por aquele carro. E por muito tempo, cada curva, cada flash, cada buzina era um lembrete: "Você venceu."

Mas agora ele sabia: vencer é muito mais do que parecer bem. É estar bem.

Então, decidiu transformar aquilo que um dia foi seu troféu, em um legado eterno. Organizou um leilão. Não divulgou com estardalhaço, apenas o suficiente para que as pessoas certas soubessem. Colecionadores, bilionários, investidores e entusiastas de carros de luxo marcaram presença. A Lamborghini, ainda reluzente, foi colocada em um palco giratório cercado por luzes suaves e uma trilha sonora instrumental que tocava suavemente ao fundo.

Brian subiu ao palco. Não como o homem de antes, de terno alinhado e discurso ensaiado. Mas como um homem tem uma missão.

— Essa Lamborghini representa o que o mundo aplaude — disse ele — mas também representa tudo o que me afastou de quem eu realmente sou. Hoje, eu abro mão do que grita vaidade para dar voz ao que sussurra propósito.

As mãos começaram a se levantar. Lance após lance, o valor foi ultrapassando qualquer lógica de mercado. E ao final da noite, o carro foi vendido por dezenas de milhões de dólares. Um número impressionante, mas ainda pequeno perto do que ele faria com aquilo.

O valor arrecadado foi destinado à construção de um sonho antigo: um hospital privado, moderno, de acesso gratuito, localizado na periferia de São Paulo; o mesmo lugar onde Brian nasceu e foi moldado pela vida. O hospital funcionaria de forma complementar ao SUS[3], bancado integralmente pelas empresas de Brian.

Um hospital de verdade. Com alas pediátricas, centro cirúrgico, atendimento psicológico, laboratórios de alta tecnologia e, principalmente, com gente de coração grande trabalhando por um bem maior. Médicos vocacionados, enfermeiros sorridentes, cozinheiras que oravam pelos pacientes enquanto mexiam na panela.

O projeto levou meses, mas quando as portas do hospital foram abertas pela primeira vez, milhares de pessoas aplaudiram. O nome? *Instituto Vida Plena*. Nada remetia a Brian. Nada levava seu nome. Porque o que ele havia entendido é que a verdadeira grandeza não precisa de placas, ela vive no invisível.

Na inauguração, ele permaneceu no fundo, de cabeça baixa, emocionado. E quando viu uma mãe humilde recebendo seu filho recém-nascido nos braços, com atendimento digno, lágrimas escorreram.

Foi naquele dia que ele entendeu: a verdadeira Lamborghini com que ele sempre sonhou... era esse momento.

E então, seu coração disse: "Agora sim. Lance o livro."

Brian havia escrito cada página com o coração sangrando e a alma restaurada. Era mais do que um livro, era uma mensagem embalada em palavras. Um grito silencioso para quem está perdido. Uma luz para quem já pensou em desistir. Um abraço para quem precisava recomeçar.

Firmou contrato com uma das maiores editoras do mundo. Recusou adiantamentos milionários, *royalties* e propostas de

[3] **SUS:** Sistema Único de Saúde

publicidade. Ele queria algo diferente: todo o lucro do livro seria revertido para manter e expandir o hospital.

No lançamento, o auditório estava lotado. Não apenas por curiosos, mas por pessoas que já tinham sido impactadas por sua história. Jovens que largaram as drogas, empresários que reencontraram propósito, famílias que se reconstituíram após o caos.

Brian subiu ao palco vestindo apenas uma camisa branca e jeans escuro. Nada de ostentação. Com o livro nas mãos, olhou para o público em silêncio por alguns segundos.

E então disse:

— Eu escrevi esse livro em um voo, após uma das maiores crises existenciais da minha vida. Escrevi para mim. Mas descobri que muita gente precisa dessas palavras tanto quanto eu precisei.

Fez uma pausa e continuou:

— Esse livro não é sobre um carro. É sobre um homem que precisou se perder para se encontrar. Que precisou ter tudo, para entender que não precisava de quase nada.

Aplausos. Lágrimas. Silêncio reverente.

A obra foi lançada simultaneamente em dois idiomas. Em uma semana, liderava as listas de mais vendidos no Brasil e Estados Unidos, seus lares. Em dois meses, foi traduzida para outros cinco idiomas. E, ao final daquele ano, já tinha ultrapassado a marca de 10 milhões de cópias vendidas, impactando vidas nos cinco continentes.

E, ainda assim, Brian permanecia o mesmo.

Acordava cedo, orava com seus filhos antes da escola, caminhava de mãos dadas com sua esposa, visitava semanalmente o hospital e, sempre que podia, voltava à banca de jornal, agora um símbolo eterno da sua origem.

Nunca mais entrou em uma Lamborghini.

Não por desprezo. Mas por liberdade.

O carro que um dia representou o auge, agora morava apenas como uma lembrança transformada no coração de um homem que escolheu viver pelo que realmente importa.

Um dia, sentado sozinho no banco de uma igreja, uma senhora se aproximou:

— Você é o moço do livro? — ela parecia querer um autógrafo.

— Não. Sou o moço que precisou de um livro para lembrar quem era. — Ele sorriu.

Ela sorriu de volta.

— Que bom que você escreveu, então.

Brian se levantou daquele banco com o coração aquecido. A vida, enfim, fazia sentido. Não pelo que tinha conquistado, mas por quem havia se tornado.

Ele olhou para o altar silencioso da pequena igreja e fez uma última oração silenciosa:

— Obrigado, Deus... por me ensinar que o maior luxo da vida é ter paz. E que o maior legado que posso deixar é uma vida vivida com propósito.

Naquela noite, ao chegar em casa, encontrou seus filhos dormindo no sofá, abraçados ao livro recém-lançado. Valentina, sua esposa, com um sorriso doce, o abraçou e cochichou:

— Você está vivendo o seu chamado.

E ele sabia, estava mesmo.

O nome do livro de Brian, que fez sucesso em todo o mundo?

O Sábio que Vendeu a Sua Lamborghini.

AGRADECIMENTO

Se em algum momento desta leitura você sentiu seu coração bater mais forte, talvez seja Deus te lembrando de quem você é.

Você não precisa ser perfeito para recomeçar.

Você só precisa dizer: "Sim."

Sim, para a mudança.

Sim, para a fé.

Sim, para uma vida com propósito.

Porque, às vezes, o que parece o fim...

É só o começo mais poderoso da sua história.

Com carinho,

GUSTAVO MARTÍNEZ

Escritor, empreendedor (fundador do grupo Newcastle Idiomas e da Editora Newcastle), palestrante e host do Podcastle TV.

@gustavonewcastle

REFERÊNCIAS:

BÍBLIA ONLINE. Disponível em: <https://www.bibliaonline.com.br>. Acesso em: 01 maio 2025.

Todos os versículos bíblicos encontram-se no site da Bíblia Online.

SOBRE O AUTOR E SEUS PROJETOS

LIVROS:

- Princípios Poderosos para Recomeçar
- A Fórmula dos Campeões
- Liberte o Seu Potencial
- O Sábio que Vendeu a Sua Lamborghini

PODCAST:

Podcastle TV — Meu podcast onde trago conversas inspiradoras com grandes mentes, abordando histórias de vida que inspiram, negócios, fé e superação.

- **www.youtube.com/@PodCastleTV**

EMPRESAS:

Newcastle Idiomas — A escola de inglês presencial e online mais bem avaliada do Brasil.

- **www.newcastleidiomas.com.br**

Wondersheep Coffee — O café que acompanha grandes jornadas e momentos de reflexão.